„Was geschehen kann, zu überblicken,

erfordert Verstand –

was geschehen ist, bloß Sinne."

Arthur Schopenhauer

deutscher Philosoph (1788–1860)

Impressum

Autorenschaft:
Selma & Elian Holmfeld

Verlag:
BoD · Books on Demand GmbH,
Überseering 33, 22297 Hamburg
bod@bod.de

Druck:
Libri Plureos GmbH,
Friedensallee 273, 22763 Hamburg

ISBN: 978-3-8192-2847-6
© 2025 Selma & Elian Holmfeld
Alle Rechte vorbehalten.

Anmerkung zur Buchgestaltung:

Um Leerseiten zu minimieren und den Umfang
bewusst schlank zu halten, beginnen die Kapitel
dieses Buches teils auch auf linken Seiten. Inhaltlich
bleibt jedes Kapitel für sich lesbar – typografisch
haben wir uns für diese Lösung im Sinne von
Nachhaltigkeit und Klarheit entschieden.

Über Selma & Elian Holmfeld

Selma und Elian Holmfeld leben in einem 500-Seelen-Dorf auf dem Land – ein Ort, an dem man sich kennt und unterstützt.

Sie versorgen sich größtenteils selbst und teilen ihr Zuhause mit einem Hund und zwei Katern. Die Nähe zur Stadt bringt Kultur, Austausch – und jene kleinen Dinge, die man nicht selbst anbauen kann.

Ihre Tochter lebt mit ihrer Familie ganz in der Nähe und ist fester Teil des familiären Miteinanders.

In dieser Umgebung entstand das Alphabet für ein bewusstes und glückliches Leben. Nicht nur aus Theorie, sondern aus Beobachtungen, Erlebnissen und Gesprächen.

Dazu gehört auch ein tiefer Einschnitt im Leben – eine Zäsur, die neue Perspektiven möglich machte. Dieser Bruch war kein Anfang, aber ein Wendepunkt. Er verstärkte Fragen, die längst im Raum standen.

Er führte außerdem dazu, genauer hinzusehen, bewusster zu reflektieren und das Wesentliche vom Lauten zu unterscheiden.

Aus diesem Prozess haben sich Sichtweisen herauskristallisiert, die bis heute tragen.

Dieses Buch ist in erster Linie aus Lebenserfahrung gewachsen – aus dem Innehalten und Ergründen ebenso wie aus jenen Jahren, in denen vieles zu stimmen schien: kraftvoll, stabil, vermeintlich klar.

Doch irgendwann kam der Moment, stillzustehen und sich zu fragen, wie bewusst das alles wirklich war.

Selma und Elian schreiben daher gerne für Menschen, die Orientierung suchen, ohne sich bevormunden zu lassen – und für alle, die sich ab und zu die Zeit nehmen, um nachzudenken.

Denn genau das hätten sie sich früher selbst gewünscht: ein Werk, das Klarheit schenkt, ohne zu belehren. Das Mut macht – und vielleicht vor manchen Enttäuschungen des Herzens und des Lebens bewahren kann.

So könnte bei vielen Leserinnen und Lesern am Ende ein leiser Gedanke aufkommen:

Warum ist mir ein solcher Inhalt nicht schon viel früher begegnet?

Vielleicht, weil eben manche Bücher erst geschrieben werden mussten, bevor sie uns finden konnten.

Doch nun ist es soweit.

A wie Achtsamkeit

Die Kunst, wirklich da zu sein – für sich selbst, für andere, für die Welt

Achtsamkeit ist mehr als ein Modewort. Sie beschreibt eine innere Ausrichtung – die Entscheidung, bewusster zu leben, den Alltag zu entschleunigen und Herausforderungen mit klarem Blick zu begegnen. Sie hilft uns, Stress abzubauen, das Leben intensiver zu erfahren und Entscheidungen zu treffen, die wirklich zu uns passen.

Denn wie oft hetzen wir von einem Moment zum nächsten? Beim Frühstück denken wir schon an den Arbeitstag, im Büro an den Abend, und wenn wir endlich zur Ruhe kommen könnten, verlieren wir uns in digitalen Reizen. Das Hier und Jetzt – der einzige Moment, der wirklich uns gehört – bleibt dabei oft unbeachtet.

Genau darin liegt der Schlüssel: Achtsamkeit bedeutet, ganz im Moment zu sein. Zu beobachten, zu spüren, zu atmen – ohne zu bewerten, ohne zu analysieren, ohne zu fliehen. Diese bewusste Präsenz schützt nicht nur unsere Psyche, sondern stärkt auch unsere Gesundheit.

Achtsamkeit ist ein Innehalten – ein Moment der Sammlung im Lärm des Alltags. Wer achtsam lebt, lernt sich selbst besser kennen – mit allem, was da ist: Freude, Zweifel, Müdigkeit, Kraft.

Wer sich nicht von Stress, kreisenden Gedanken und äußeren Erwartungen treiben lässt, schafft Raum: für bewusstes Handeln.

Achtsamkeit lässt sich üben: beim Gehen, beim Atmen, beim Essen, beim einfachen Dasein. Es geht nicht darum, perfekt zu werden oder stets gelassen zu sein. Es geht darum, sich selbst immer wieder zu begegnen – ehrlich, freundlich und ohne Urteil.

Die Auswirkungen sind tiefgreifend: Wer regelmäßig achtsam lebt, kann Stress besser regulieren – und beugt damit Burnout, Ängsten und psychosomatischen Beschwerden vor. Achtsamkeit bedeutet, Ballast abzuwerfen, alte Muster loszulassen und sich auf das Wesentliche zu konzentrieren: das Leben, das jetzt geschieht.

Ein achtsamer Mensch verändert nicht nur sich selbst, sondern auch sein Umfeld. Denn wer sich selbst achtsam begegnet, wird auch anderen gegenüber aufmerksamer – Partnern, Kindern, Kollegen, Nachbarn.

Das Zuhören wird tiefer.

Das Miteinander wird echter.

Die Beziehungen werden klarer, wertschätzender, respektvoller.

Diese innere Haltung führt fast automatisch zu bewussteren Entscheidungen – und vielleicht auch zu weniger Konsum.

Achtsamkeit hilft, Dinge wieder wertzuschätzen, statt ständig dem Neuen hinterherzujagen. Und wer in seiner eigenen Kraft ruht, kann nicht nur sich selbst, sondern auch anderen eine Stütze sein.

Gerade in sehr fordernden Lebensphasen – etwa, wenn es um die Pflege der eigenen Eltern geht – zeigt sich, wie wichtig Achtsamkeit sein kann. Aus Liebe, Dankbarkeit und Respekt übernehmen viele Söhne und Töchter diese Verantwortung aus tiefem Mitgefühl. Doch wenn sie dabei nicht auch auf sich selbst achten, laufen sie Gefahr, sich aufzureiben. Die emotionale und körperliche Belastung kann auf Dauer die eigene Gesundheit gefährden – und dann ist niemandem geholfen. Weder ihnen selbst noch den Menschen, die auf ihre Hilfe angewiesen sind.

Und es geht noch weiter: Achtsamkeit endet nicht beim Menschen. Sie weitet sich aus auf das, was oft unbeachtet bleibt – auf Tiere und unsere alltägliche Umgebung. Wer mit offenem Blick lebt, bemerkt feine Veränderungen im Verhalten eines Haustiers: eine plötzliche Zurückhaltung, ein anderer Blick, ein ungewohnter Laut. Zeichen, die im hektischen Alltag leicht untergehen, aber viel bedeuten können – oder gar auf eine Krankheit hinweisen, die rasch behandelt werden muss.

Achtsamkeit ist keine Methode, die man einmal lernt und dann beherrscht. Sie ist vielmehr eine Entscheidung – jeden Tag neu. Eine innere Ausrichtung, die uns lehrt, genauer hinzusehen, achtsamer zu sprechen, klarer zu fühlen.

Sie erinnert uns daran, dass Leben nicht einfach geschieht, sondern dass wir eingeladen sind, es bewusst zu gestalten.

Am Ende geht es genau darum: nicht wie im Halbschlaf durch das Leben zu taumeln, sondern hellwach, spürend, bewusst zu sein.

Arthur Schopenhauer beschrieb sehr drastisch, wie das Leben ohne Achtsamkeit aussehen kann:

„Es ist wirklich unglaublich, wie nichtssagend und bedeutungsleer, von außen gesehn, und wie dumpf und besinnungslos, von innen empfunden, das Leben der allermeisten Menschen dahinfließt. Es ist ein mattes Sehnen und Quälen, ein träumerisches Taumeln durch die vier Lebensalter hindurch zum Tode, unter Begleitung einer Reihe trivialer Gedanken[1]."

Vielleicht ist Achtsamkeit genau das Gegenmittel zu diesem dumpfen Dahintreiben – ein Weg, unser Leben wieder als das zu erkennen, was es ist: ein wertvolles, endliches Gut.

Es liegt in unserer Verantwortung, es mit Sinn, Zuneigung – und einem wachen Gespür für seine Kostbarkeit – zu füllen.

---

[1] Alle Zitate in diesem Buch wurden in ihrer ursprünglichen Schreibweise übernommen, auch wenn sie ältere oder ungewohnte Orthografie enthalten. Dies geschieht bewusst zur Wahrung des historischen Stils.

B wie Balance

Im Gleichgewicht des Lebens – beweglich, aber immer bei sich

Balance ist kein Zustand, den man einmal erreicht und für immer behält. Sie ist eine Bewegung, ein Pendeln, ein ständiges Austarieren. Zwischen Arbeit und Erholung. Zwischen Fürsorge für andere und Fürsorge für sich selbst. Zwischen Aktivität und Ruhe, Nähe und Abstand, Verantwortung und Loslassen.

Ein Leben in Balance heißt nicht, alles im Gleichgewicht zu halten. Es bedeutet vielmehr, sich selbst zu spüren – wahrzunehmen, wenn etwas kippt, sich verschiebt oder zieht. Es ist die Fähigkeit, innere und äußere Kräfte bewusst zu lenken, statt sich von ihnen mitreißen zu lassen.

Wie oft verlieren wir uns im Entweder-oder: Entweder volle Leistung oder völliger Rückzug. Entweder Ja sagen oder mit schlechtem Gewissen Nein. Entweder funktionieren oder scheitern. Doch das Leben ist selten so eindeutig. Die Kunst der Balance besteht darin, sich zwischen den Polen zu bewegen – mit einem wohlwollenden Blick auf sich selbst.

Balance bedeutet auch: den Mut zu haben, Pausen zu machen. Sie sich zuzugestehen – und nicht jede Lücke sofort zu füllen, weder im Kalender noch im Herzen. Denn aus Freiräumen wächst oft die größte Kraft.

Ein Leben in Balance ist nicht makellos durchkomponiert – sondern lebendig.

Es darf wackeln oder ganz anders verlaufen als gedacht. Es kennt Überraschungen, Wendungen und manchmal auch kleine oder größere Pannen.

Doch das Dasein ruht viel eher in sich – wenn jemand seine eigene Mitte gefunden hat und damit wohltuend in Familie, Freundeskreis und Gesellschaft wirkt.

Arthur Schopenhauer wies auf einen weiteren Aspekt hin:

„Ein wichtiger Punkt der Lebensweisheit besteht in dem richtigen Verhältnis, in welchem wir unsere Aufmerksamkeit teils der Gegenwart, teils der Zukunft widmen, damit nicht die eine uns die andere verderbe."

Gleichgewicht heißt also auch, das rechte Maß zu finden – zwischen dem, was war, dem, was ist und dem, was sein könnte. Zwischen Festhalten und Loslassen. Zwischen Planen und Vertrauen.

Das zeigt sich ganz praktisch, zum Beispiel in der Ernährung. Natürlich ist es wichtig, sich gesund und ausgewogen zu ernähren – für Körper, Geist und langfristiges Wohlbefinden. Doch wer jede Versuchung verteufelt, verliert leicht die Freude am Leben. Ein Stück Schokolade, ein Glas Wein, ein Abend mit Pizza und Freunden – das gehört dazu.

Balance heißt, sich nicht von einem Extrem ins andere treiben zu lassen. Es geht um bewusste Wahl, nicht um ständige Selbstkontrolle oder Selbstverleugnung.

Auch in Beziehungen ist das rechte Maß entscheidend. Zu viel Nähe kann überfordern, zu wenig lässt uns vereinsamen.

Schopenhauer erzählte dazu eine bekannte Parabel:

Eine Gruppe von Stachelschweinen rückt in einer kalten Winternacht eng zusammen, um sich zu wärmen. Doch je näher sie sich kommen, desto mehr verletzen sie sich mit ihren Stacheln – bis sie wieder auf Abstand gehen. Schließlich finden sie eine Distanz, die Nähe ermöglicht, ohne zu verletzen.

So ist es auch mit uns Menschen: Nähe und Distanz wollen balanciert sein – in Freundschaften, Partnerschaften, Familien.

Schopenhauer ergänzte weiter:

„Viele leben zu sehr in der Gegenwart – die Leichtsinnigen. Andere zu sehr in der Zukunft – die Ängstlichen und Besorglichen. Selten wird einer genau das rechte Maß halten."

Doch gerade diese Ausgewogenheit – diese feine, tragende Balance – verleiht dem Leben Halt. Sie schützt vor Erschöpfung, Überforderung und innerer Leere. Balance bedeutet nicht, sich bei der Arbeit zu bremsen, sondern zu erkennen, wann genug genug ist – und dass man Nein sagen darf, ohne sich schuldig zu fühlen.

Es geht darum, sich selbst und die eigenen Grenzen zu achten, während man gleichzeitig im Alltag engagiert und präsent bleibt.

Wer in Balance lebt, lebt nicht nur für sich – sondern sendet etwas aus, das andere berührt: in der Nähe, im Alltag, im stillen Beispiel.

Manchmal genügt das, um ein wenig mehr Menschlichkeit zurückzubringen.

C wie Charakter

Treue zu sich selbst – jenseits von Lob und Lohn

Charakter ist mehr als gutes Benehmen oder moralisches Handeln. Er zeigt sich dort, wo niemand applaudiert – wo kein Vorteil lockt, kein Lob ruft und keine Kontrolle droht.

Charakter ist keine Formel, sondern ein innerer Maßstab. Er lenkt unsere Gedanken, Worte und Handlungen – still, aber beharrlich.

Ein starker Charakter offenbart sich nicht in der Lautstärke der Meinung, sondern in der Tiefe der Überzeugung. Er wächst nicht durch Anpassung, sondern durch Treue zu sich selbst.

Schopenhauer formulierte es so:

„Für sein Tun und Lassen darf man keinen andern zum Muster nehmen; weil Lage, Umstände, Verhältnisse nie die gleichen sind, und weil die Verschiedenheit des Charakters auch der Handlung einen verschiedenen Anstrich gibt."

Charakter ist somit keine Maske, sondern ein Ausdruck von Wahrhaftigkeit. Er tritt besonders dann hervor, wenn es unbequem wird – wenn andere anders handeln, wenn die Norm uns auffordert, uns zu verbiegen.

Wer Charakter hat, lebt nach seiner eigenen Richtschnur – und nicht nach äußeren Erwartungen.

Die eigentliche Gefahr liegt oftmals im blinden Nacheifern. Schopenhauer brachte es auf den Punkt:

„Nachahmung fremder Eigenschaften und Eigentümlichkeiten ist viel schimpflicher als das Tragen fremder Kleider: denn es ist das Urteil der eigenen Wertlosigkeit von sich selbst ausgesprochen."

Charakter bedeutet auch, sich selbst auszuhalten – nicht nur im Umgang mit anderen, sondern besonders im Alleinsein. Dort, wo wir niemandem etwas vormachen können – außer uns selbst.

Schopenhauer hielt es deswegen für wesentlich, dass junge Menschen lernen, mit sich allein sein zu können:

„Ein Hauptstudium der Jugend sollte sein, die Einsamkeit ertragen zu lernen; weil sie eine Quelle des Glückes, der Gemütsruhe ist."

In vielen Bereichen unseres Lebens scheint heute die äußere Meinung schwerer zu wiegen als die leise Stimme in uns. Sichtbarkeit, Anerkennung, Status – all das bestimmt, wie wir gesehen werden. Doch wer sich daran misst, verliert leicht den Mut zur Echtheit. Dabei liegt gerade darin die Essenz von Charakter, wie auch Schopenhauer betonte:

„Viel zu viel Wert auf die Meinung anderer zu legen ist ein allgemein herrschender Irrwahn."

Charakter bedeutet nicht, unfehlbar zu sein – sondern verantwortungsvoll. Wer Fehler macht und zu ihnen steht, wer sich irrt, ohne zu verhärten, wer Grenzen anerkennt und dennoch wächst, beweist Charakter.

Schopenhauer erkannte die Verbindung zwischen innerer Reife und echtem Selbstwert:

„Denn überhaupt um fremden Wert willig und frei anzuerkennen und gelten zu lassen, muß man eigenen haben."

Charakter ist ein Spiegel unserer Werte. Er zeigt sich im Umgang mit Schwächeren, im Blick auf Tiere, im Gebrauch von Macht – oder im bewussten Verzicht darauf. Für Schopenhauer war dieser Zusammenhang so grundlegend, dass er ihn deutlich benannte:

„Mitleid mit den Tieren hängt mit der Güte des Charakters so genau zusammen, dass man zuversichtlich behaupten darf, wer gegen Tiere grausam ist, könne kein guter Mensch sein."

Charakter wird dort sichtbar, wo Menschen klare Grenzen setzen – besonders gegenüber jenen, die durch Rücksichtslosigkeit oder Grausamkeit auffallen.

Er tritt dort zu Tage, wo innere Freiheit mehr wiegt als äußerer Druck. Er ist unabhängig von Rang, Status und Besitz. Schopenhauer nannte Rang eine „Komödie für den großen Haufen" – und erinnert uns mit folgender Einsicht daran, worauf es wirklich ankommt:

„Was man ist, trägt viel mehr zu unserem Glücke bei, als was man hat."

Statt sich also an fremden Maßstäben zu orientieren, lohnt es sich daher, auf die eigene innere Stimme zu hören. Denn in einer Welt voller Hysterie, Erwartungen und Dauerinszenierungen ist Echtheit zu etwas Seltenem geworden: ein stilles Zeichen von Größe.

D wie Denunziantentum

Wenn das Vertrauen verraten wird – über die stille Kraft der Integrität

Manche Worte werden selten gebraucht – und tragen doch eine sofort spürbare Schärfe in sich. *Denunziantentum* ist eines davon. Es klingt nach Verrat im Verborgenen, nach leisem Gift, das Vertrauen zersetzt. Und genau darum geht es: um ein Verhalten, das selten offen zutage tritt, aber großen Schaden anrichten kann. Für Einzelne. Für Gemeinschaften. Für das Miteinander.

„Der größte Lump im ganzen Land ist und bleibt der Denunziant." – Hoffmann von Fallersleben

Das wusste man schon Mitte des 19. Jahrhunderts. Und bis heute hat sich an diesem Ruf wenig geändert. Denunzieren ist ein Verhalten, das dem Menschlichen zutiefst widerspricht. Es nährt sich aus Kälte, Missgunst und dem Wunsch, Macht auszuüben – aber im Schatten, nicht im Licht.

Es zeigt sich nicht nur in großen historischen Zusammenhängen, sondern auch im Alltag: in übler Nachrede, Verleumdung oder gezielten Falschverdächtigungen. All das ist Ausdruck derselben Haltung – Menschen zu schaden, statt mit ihnen zu sprechen. Wo der Ton schärfer wird und das Verbindende oft hinter dem Trennenden zurücktritt, breiten sich solche Haltungen aus – wie ein stilles Gären unter der Oberfläche.

Historisch gesehen waren die Folgen gravierend – und grausam. Während der Zeit des Nationalsozialismus wurde ein großer Teil des sogenannten „abweichenden Verhaltens" durch Denunzianten gemeldet. Die Folgen: Verfolgung, Haft, Deportation, Tod.

Auch in der DDR war das Denunziantentum ein Werkzeug der Unterdrückung. In Kooperation mit der Staatssicherheit wurden Bürger ausgespäht, „Abweichler" gemeldet, eingeschüchtert und systematisch destabilisiert. Besonders perfide war dabei das Wirken der sogenannten inoffiziellen Mitarbeiter. Sie lieferten der Stasi gezielt Informationen oder nahmen bei sogenannten Zersetzungsmaßnahmen Einfluss – oft im persönlichen oder beruflichen Umfeld. Nicht selten waren es sogar enge Freunde oder Familienangehörige, die sich dafür hergaben.

Systeme, die auf derartige Kontrollen angewiesen sind, fürchten das Aufkeimen von Freiheit. Und je stärker sie ihre Bürger unterdrücken, desto raffinierter versuchen sie, deren Gedanken, Gespräche und Beziehungen zu kontrollieren.

Warum passiert es so oft – und warum machen so viele Menschen jedes Mal mit? Vielleicht, weil es so einfach ist, sich über andere zu erheben. Vielleicht, weil es von innerer Unsicherheit ablenkt. Vielleicht auch, weil es in Gruppen das Gefühl vermittelt, auf der „richtigen" Seite zu stehen – selbst wenn man dabei Unrecht begeht.

„Zum Denken sind wenige Menschen geneigt, obwohl alle zum Rechthaben." – Arthur Schopenhauer

Ein Satz, der genau hier seine Schärfe entfaltet. Denn wer denunziert, will oft nicht aufklären, sondern gewinnen – Aufmerksamkeit, Zustimmung, Überlegenheit. Aber echter Charakter offenbart sich nicht im Rechthaben-wollen. Sondern im Hinhören. Im Abwägen. Im Verstehenwollen.

Die Kunst der Zurückhaltung ist daher zu gewissen Zeiten und an bestimmten Orten nicht Schwäche – sondern Weisheit. Gerade heute, wo vieles kommentiert, geteilt und preisgegeben wird, ist das Ungesagte oft das Klügere. Denn nicht jeder verdient unsere Gedanken. Nicht jedes Gegenüber will verstehen. Nicht jede Unterhaltung ist ein Austausch.

„Wer klug ist, wird im Gespräch weniger an das denken, worüber er spricht, als an den, mit dem er spricht."– Arthur Schopenhauer

Oft liegt die größere Herausforderung nicht darin, klüger zu reden – sondern weniger zu sagen. Nicht das Herz auf der Zunge zu tragen – vor allem nicht gegenüber Menschen, die kein echtes Interesse an Dialog, sondern nur an Rechthaben, Kontrolle oder Schadenfreude haben.

„Überhaupt ist es geratener, seinen Verstand durch das, was man verschweigt, an den Tag zu legen, als durch das, was man sagt. Ersteres ist Sache der Klugheit, letzteres der Eitelkeit." – Arthur Schopenhauer

Wer sich selbst kennt, muss sich nicht ständig erklären. Wer sicher steht, muss nicht alles rechtfertigen. Und wer klug ist, wählt mit Bedacht, wem er etwas anvertraut.

Vertrauen ist gut. Doch es braucht Maß – und die Fähigkeit, Menschen einzuschätzen.

„Wer erwartet, daß in der Welt die Teufel mit Hörnern und die Narren mit Schellen einhergehen, wird stets ihre Beute oder ihr Spiel sein." – Arthur Schopenhauer

Wer andere vorschnell verurteilt, tut so, als sei die eigene Sichtweise zeitlos wahr – unverändert gültig, gestern wie morgen. Doch genau das ist ein Irrtum. Der Zeitgeist verändert sich. Was gegenwärtig als richtig gilt, kann bald schon fragwürdig erscheinen. Und was heute provoziert, entpuppt sich später möglicherweise als äußerst weitsichtig.

Deshalb ist es klug, die Wandelbarkeit der Dinge nie aus dem Blick zu verlieren[2].

---

[2] Das geistige Erbe Arthur Schopenhauers hat dieses Buch an mehreren Stellen inspiriert. Einige seiner Einsichten wurden im Originalwortlaut zitiert, andere sinngemäß übernommen und an heutige Sprache und Lebenswirklichkeit angepasst.

Diese Form der geistigen Resonanz war uns wichtiger als eine durchgehend akademische Zitierweise – im Sinne eines lebendigen Weiterdenkens.

Wir empfinden große Hochachtung für Schopenhauers Werk – seine klarsichtigen Beobachtungen zur Lebensweisheit wirken über Jahrhunderte hinweg und begleiten dieses Buch wie ein stiller, verlässlicher Gedankengeber.

Die Welt ist in Bewegung – auch das Denken, die Werte, die Sicht auf das Leben. Wer das verkennt, bleibt gefangen im Jetzt und hält die eigene Sicht für das Maß aller Dinge.

Ein weiser Mensch lässt sich von der scheinbaren Stabilität der Gegenwart nicht täuschen. Er ahnt, dass Veränderung die einzige Konstante ist – und dass auch das eigene Urteil von heute bereits morgen in einem anderen Licht erscheinen könnte.

Manchmal ist es das stille Wissen um die eigenen Grenzen, das uns vor Schlimmem bewahrt – und andere mit uns.

E wie Eigenverantwortung

*Die Kunst, Verantwortung nicht zu delegieren – auch
wenn es bequemer wäre*

Eigenverantwortung – für manche klingt das nach Pflicht
oder Belastung. Doch im Kern ist es etwas anderes: eine
Einladung zur Freiheit.

Eigenverantwortung bedeutet: Ich bin nicht das Produkt
meiner Umstände, sondern aktiver Teil meines Lebens.
Nicht immer kann ich kontrollieren, was geschieht, aber
ich entscheide, wie ich darauf reagiere – oder ob ich
überhaupt reagiere, also bewusst unterlasse.

Diese Haltung hat nichts mit Härte oder Egoismus zu tun.
Im Gegenteil: Sie setzt voraus, dass ich mich selbst kenne,
meine Grenzen, meine Werte, meine Möglichkeiten, und
dass ich bereit bin, aus dieser Selbsterkenntnis heraus zu
handeln.

Es braucht Mut, das eigene Denken zu kultivieren. Denn
unter dem ständigen Einfluss von Medien, Gruppendruck
und sozialen Netzwerken wird es zunehmend schwerer,
unabhängige Gedanken zu entwickeln. Am Ende droht der
Verlust des inneren Kompasses – und damit der Kontakt
zu sich selbst.

Gustave Le Bon, französischer Sozialpsychologe, erkannte früh, wie rasch der Mensch sich in der Masse
auflöst – und mit ihm die Fähigkeit zur Verantwortung:

„Der einzelne ist nicht mehr er selbst, er ist ein Automat geworden, dessen Betrieb sein Wille nicht mehr in der Gewalt hat. […] Allein durch die Tatsache, Glied einer Masse zu sein, steigt der Mensch also mehrere Stufen von der Leiter der Kultur hinab."

Was hier beschrieben wird, ist der stille Verlust der Selbstreflexion – und damit der Eigenverantwortung. Statt selbst zu denken, übernehmen wir oft fremde Gefühle, schnelle Urteile oder kollektive Aufregungen – nicht, weil wir überzeugt sind, sondern weil sie gerade en vogue erscheinen.

Umso wichtiger ist es, sich innerlich aufzurichten. Nicht trotzig. Sondern entschlossen. Und deutlich zu sagen: Ich treffe meine Wahl – bewusst. Ich bin bereit, mit den Konsequenzen meiner Entscheidung zu leben. Und ich bin bereit, dafür einzustehen, ob ich handle – oder es lasse.

Verantwortung übernehmen heißt nicht, alles alleine zu machen. Es heißt, sich zu fragen: Was ist meine Rolle? Mein Anteil? Mein nächster Schritt? Nicht, um sich zu überfordern, sondern um sich selbst ernst zu nehmen.

Wer diese Haltung einnimmt, wird unabhängiger. Nicht unverwundbar – aber tragfähiger. Und er entwickelt eine Kraft, die nicht auf Bestätigung angewiesen ist, um zu wissen, was richtig ist. Oder was jetzt dran ist.

„Was kann ich tun?" – das ist die Kernfrage jedes eigenverantwortlichen Menschen.

Nicht: Wer ist schuld? Nicht: Wer müsste eigentlich? Sondern: Was ist mein Beitrag? Und bin ich bereit, ihn zu leisten?

Diese Haltung verändert alles – im Kleinen wie im Großen. Sie wird sichtbar in Beziehungen, im Berufsleben und in der Art, wie wir mit unserer Umwelt umgehen. Sie lässt uns aufhören, zu warten, bis „die da oben" etwas ändern. Und sie bewahrt uns davor, in der Passivität zu versinken.

Eigenverantwortung ist leise. Sie macht kein großes Aufheben. Aber sie macht einen Unterschied. Jeden Tag.

Drei konkrete Lebensbereiche zeigen besonders deutlich, was Eigenverantwortung bedeuten kann – materiell wie immateriell.

Der erste Bereich ist die finanzielle Bildung – ein Wissensfeld, das vielen Menschen kaum vertraut und dennoch Voraussetzung für ein souveränes Leben ist. Ohne ein grundlegendes Verständnis von Geld, Schulden, Investitionen und wirtschaftlichen Zusammenhängen geben wir eines der wirksamsten Steuerungsinstrumente unseres Lebens aus der Hand.

Der zweite Bereich umfasst die eigene Gesundheitsfürsorge. Wer sich nicht um Körper und Geist kümmert, wer Signale überhört und Verantwortung an Ärzte oder Systeme abtritt, verliert etwas von dem, was er am meisten braucht: Lebensqualität.

Der dritte Bereich beinhaltet die Ernährung – und damit nicht nur, was wir essen, sondern wie wir uns nähren. Wer achtsam isst, schenkt sich selbst Fürsorge – und trifft klare Entscheidungen jenseits von Gewohnheit oder Überfluss.

Diese drei Bereiche bilden eine konkrete Grundlage für ein selbstbestimmtes, tragfähiges und lebendiges Leben. Sie verlangen keine Perfektion – nur den Willen, Verantwortung zu übernehmen. Kein stures Befolgen von Regeln, sondern die Bereitschaft, selbst zu denken, zu lernen und kluge Entscheidungen zu treffen.

Und vor allem: der Entschluss, das eigene Dasein nicht nur zu durchlaufen – sondern es zu gestalten. Denn es ist unser Leben – und es wartet darauf, dass wir es führen.

F wie Frieden

Die Kunst, mit sich und der Welt nicht im Krieg zu sein

Frieden – ein großes Wort, oft bemüht in Reden und Gebeten. Doch jenseits der Schlagzeilen, jenseits der politischen Debatten beginnt er immer zuerst an einem Ort: im Inneren.

Ein Mensch, der innerlich im Einklang ist, urteilt weniger hart. Er hört besser zu. Er lebt nicht in Abwehr, sondern in Begegnung. Frieden ist kein Zustand, den uns andere schenken. Er ist eine Entscheidung. Eine Haltung. Und, wie so vieles, was in diesem Buch zur Sprache kommt, eine bewusste Wahl, die von Moment zu Moment wachsen darf.

Wir neigen dazu, Frieden mit Harmonie und Konfliktfreiheit gleichzusetzen. Doch das wäre zu einfach. Frieden ist nicht die Vermeidung von Spannung – sondern der Umgang mit ihr. Es geht nicht darum, alles glattzubügeln, sondern darum, nicht unnötig zu verletzen. Nicht zu zerstören, wenn man auch klären könnte. Nicht zu fliehen, wenn man auch stehenbleiben kann.

Frieden braucht Mut. Den Mut, sich selbst anzuschauen. Den Mut, Schuld einzugestehen. Den Mut, einen Streit zu beenden, obwohl man noch gewinnen könnte. Manchmal auch den Mut, sich zurückzunehmen – ohne sich dabei zu verlieren. Frieden beginnt im Denken. In der Art, wie wir über uns selbst sprechen.

Wie wir mit uns umgehen, wenn wir einen Fehler machen. Wie wir hinhören, wenn etwas in uns ruft. Wer mit sich selbst im Krieg ist, kann keinen Frieden nach außen tragen.

Daher braucht innerer Frieden Ehrlichkeit – nicht Selbstbetrug. Sanftheit – nicht Schwäche. Und Klarheit – nicht Verdrängung.

Es beginnt damit, sich selbst zu erlauben, Mensch zu sein, mit Widersprüchen, Grenzen, Licht und Schatten. Wer das anerkennt, hört auf zu kämpfen – nicht etwa, weil er aufgibt, sondern weil er verstanden hat.

Frieden ist nie nur privat. Wer im Frieden lebt, wirkt – auch ohne Worte. Die Art, wie jemand in einen Raum tritt, wie er zuhört, wie er geht – all das sendet Signale aus. Und manchmal genügt ein einziger friedvoller Mensch, um eine Situation zu entschärfen, ohne dass ein einziges Argument fällt.

Frieden in Beziehungen heißt nicht: alles hinnehmen. Es heißt: sich selbst treu bleiben, ohne andere zu entwerten. Grenzen setzen, ohne Mauern zu bauen. Zuhören, ohne aufzugeben. Verstehen wollen, auch wenn man anderer Meinung bleibt.

Wer Frieden sucht, braucht Entscheidungsstärke. Denn es ist oft leichter, sich zu empören als zu verstehen, leichter, zu verurteilen als zu hinterfragen, leichter, sich auf die eigene Meinung zurückzuziehen, als im Miteinander auszuhalten, dass andere anders sind.

Doch Frieden ist kein schwaches Einverständnis. Er ist ein Ausdruck von Reife – eine Form von Klarheit, die auf Kampf verzichten kann.

„Der Weise wird sich hüten, sich in jeden Streit einzumischen; denn er weiß, dass der Klügere oft der ist, der den Kampf vermeidet." – Arthur Schopenhauer

Frieden ist nicht ein Ziel, das man einmal erreicht und dann behält. Frieden ist ein Weg, der immer wieder ausbalanciert werden will. Eine Rückbesinnung auf das, was wirklich zählt.

Er zeigt sich im Kleinen: in einem zurückgenommenen Wort. In einem Gespräch, das nicht geführt wurde, weil man spürte, es würde nur verletzen. In der Entscheidung, sich nicht mehr vom Lärm der Welt steuern zu lassen.

Frieden bedeutet auch: sich mit dem Leben zu versöhnen. Mit dem, was war. Mit dem, was ist. Und mit dem, was vielleicht nie sein wird. Nicht alles im Leben lässt sich ändern – aber vieles anders betrachten.

Doch Frieden lebt nicht nur vom Denken – er braucht Berührung.

Manchmal hilft es, ihn zu verstehen, indem man sich dem Gegenteil nähert.

Wer je die Gedenkstätten von Verdun besucht hat, spürt, wie greifbar die Spuren von Krieg und Zerstörung bis heute sind.

Die Landschaft – gezeichnet von Granattrichtern. Die Stille – durchzogen von einem ungesagten Schmerz. Die unzähligen Namen auf den Tafeln – sie machen deutlich, dass jedes Opfer ein Mensch war, mit einem Leben, einem Gesicht, einer Geschichte.

Und der Krieg findet nicht nur in den Schützengräben statt. Auch Staaten können Krieg führen – gegen das eigene Volk. Die Gulags unter Stalin sind ein düsteres Beispiel dafür: Heerscharen von Menschen wurden entrechtet, verschleppt, vernichtet – nicht durch eine fremde Macht, sondern durch ein System, das Teile der eigenen Bevölkerung zu „gesellschaftlich gefährlichen Elementen" erklärte – und damit zur Gefahr.

Wer einmal die Konzentrationslager des Nationalsozialismus besucht hat – Auschwitz, Dachau, Buchenwald –, weiß, wie tief sich Unmenschlichkeit organisieren lässt, wenn das System kein Gewissen kennt und der Einzelne sein eigenes in der Masse ablegt.

Solche Orte sind keine Randnotizen der Geschichte. Sie sind Mahnungen aus der Vergangenheit – und Warnungen für die Gegenwart. Sie erinnern uns daran, was geschieht, wenn das Menschliche verloren geht. Wenn Ideologien über Empathie siegen. Wenn Sprache aufhört, Brücken zu bauen, und beginnt, Gräben zu reißen.

Wer einmal dort stand – in Verdun, in einem ehemaligen Lager, in einem Raum der Erinnerung –, weiß: Frieden ist nichts Selbstverständliches. Und alles Bedeutende.

G wie Gesundheit

Die Kunst, sich selbst zu achten – im Körper, im Geist,
im Leben

Gesundheit geht über den reinen Zustand hinaus. Sie ist eine bewusste Lebensführung. Eine Entscheidung. Und oft auch eine stille Form von Selbstachtung.

Wir sprechen meist erst dann von Gesundheit, wenn sie fehlt. Wenn der Rücken schmerzt. Wenn der Schlaf gestört ist. Wenn eine Diagnose alles infrage stellt. Dabei ist Gesundheit kein Selbstläufer – und schon gar keine Selbstverständlichkeit. Sie ist ein Geschenk. Aber auch ein Auftrag: der achtsame Umgang mit dem, was uns trägt, versorgt und zusammenhält.

Gesundheit kommt nicht aus der Apotheke – sie fängt beim Frühstück an. Beim ersten klaren Gedanken am Morgen. Beim Schritt, den wir zu Fuß gehen statt zu fahren. Beim Nein zur nächsten Überforderung. Beim Ja zu einer Pause, auch wenn der Kalender voll ist.

Es sind die kleinen, fast unscheinbaren Entscheidungen, die auf Dauer unser Wohlbefinden formen: Wie bewege ich mich? Was esse ich? Wie spreche ich mit mir selbst? Wie atme ich, wenn es eng wird?

Gesundheit ist nichts Gegebenes – sie ist etwas, das wir gestalten. Und sie beginnt mit dem stillen Entschluss, sich nicht länger zu übergehen, sondern sich selbst wirklich wahrzunehmen.

Gesund leben heißt nicht, fehlerfrei zu sein. Es bedeutet nicht, ständig alles „richtig" zu machen. Und schon gar nicht, sich mit Regeln und Selbstkontrolle zu überfordern.

Gesundheit heißt, wach zu sein für das, was guttut – und ehrlich genug, um zu erkennen, was schadet.

Manchmal zeigt sich Gesundheit darin, dass wir uns Schwäche eingestehen, Ruhe erlauben und ein Nein aussprechen, obwohl es unbequem ist. Nicht jede Verletzung kommt von außen – und nicht jede Heilung von Medikamenten. Vieles beginnt in der Beziehung zu sich selbst.

Wenn der Körper spricht, tut er das oft, weil wir an anderer Stelle nicht hingehört haben. Symptome sind keine Feinde – sie sind Signale. Sie zwingen uns zum Innehalten. Nicht, um uns zu strafen – sondern um uns zurück ins Gleichgewicht zu führen.

Natürlich: Nicht jede Krankheit ist vermeidbar. Es gibt genetische Vorbelastungen, äußere Einflüsse, Schicksalsschläge. Doch selbst dann bleibt die Frage: Wie gehe ich damit um? Was kann ich aus der Erfahrung mitnehmen? Wie bleibe ich handlungsfähig – nicht gegen die Krankheit, sondern für das Leben?

Ein gesunder Mensch lebt nicht isoliert. Gesundheit hat auch eine soziale, eine zwischenmenschliche Dimension. Wie wir leben, beeinflusst andere – in der Familie, im Beruf, im öffentlichen Raum. Wer gut für sich sorgt, wirkt auch wohltuend auf andere. Er strahlt aus, was er lebt: Klarheit, Ruhe, Achtsamkeit.

Umgekehrt kann auch ein liebevolles Umfeld heilend wirken. Wir sind keine Maschinen – wir sind Resonanzkörper. Nähe, Verständnis, Respekt – all das stärkt unsere seelische und körperliche Widerstandskraft mehr als jede Pille.

Sich um die eigene Gesundheit zu kümmern, ist kein Luxus – es ist eine Form der Selbstbefreiung. Wer sich gut kennt, muss sich weniger kontrollieren. Wer mit sich in Verbindung steht, lässt sich weniger von außen steuern.

Wo äußere Ansprüche nämlich überhandnehmen, wird es zum Akt der Selbstachtung, sich selbst als wertvoll zu betrachten – auch jenseits von Produktivität.

Gesundheit bedeutet nicht, perfekt zu funktionieren – sondern echt zu leben.

Gesundheit ist eine tägliche Entscheidung – oft leise, oft unspektakulär. Doch sie macht den Unterschied. Denn wenn du dich entscheidest, für dich zu sorgen, entscheidest du dich für das Leben selbst.

„Der Gesunde hat viele Wünsche, der Kranke nur einen."
– anonym

Dieses einfache, klare Wort bringt auf den Punkt, worum es im Kern geht: Ohne Gesundheit fällt alles andere in sich zusammen. Reichtum, Macht, Pläne, Ambitionen – sie verlieren ihren Glanz, wenn der Körper streikt, der Geist ermüdet und das Leben zur Last wird.

Schopenhauer formulierte es unmissverständlich:

„Überhaupt aber beruhen 9/10 unseres Glückes allein auf der Gesundheit. Mit ihr wird alles eine Quelle des Genusses: hingegen ist ohne sie kein äußeres Gut, welcher Art es auch sei, genießbar, und selbst die übrigen subjektiven Güter, die Eigenschaften des Geistes, Gemütes, Temperaments, werden durch Kränklichkeit herabgestimmt und sehr verkümmert.

Hieraus aber folgt, dass die größte aller Torheiten ist, seine Gesundheit aufzuopfern, für was es auch sei, für Erwerb, für Beförderung, für Gelehrsamkeit, für Ruhm, geschweige für Wollust und flüchtige Genüsse; vielmehr soll man ihr alles nachsetzen[3]."

---

[3] Schopenhauer verwendet „nachsetzen" im Sinne von „unterordnen" oder „alles andere ihr nachordnen".

H wie Höflichkeit

Die Kunst, das Miteinander sanft zu gestalten – ohne Kosten, aber mit Wirkung

Höflichkeit ist wie eine kleine Gabe – unscheinbar vielleicht, aber wirksam. Sie verlangt keine Heldentaten, keine Grundsatzdebatten, keine moralischen Kraftakte – und doch verändert sie Begegnungen.

Ein Lächeln. Ein Dankeschön. Eine aufgehaltene Tür. Eine rechtzeitige Entschuldigung. Es sind Gesten, die den Alltag weicher machen. Und vielleicht auch die Welt.

Heutzutage wird Reizbarkeit leicht mit Meinungsstärke verwechselt. Doch Höflichkeit ist deshalb noch lange kein Zeichen von Schwäche. Sie ist das Gegenteil von Gleichgültigkeit. Höflichkeit bedeutet: Ich sehe dich. Ich respektiere dich – auch wenn wir uns nicht kennen, nicht verstehen oder uneinig sind.

Arthur Schopenhauer fand dafür deutliche Worte:

„Höflichkeit ist Klugheit; folglich ist Unhöflichkeit Dummheit: sich mittels ihrer unnötiger- und mutwilligerweise Feinde machen ist Raserei, wie wenn man sein Haus in Brand steckte."

Klarer lässt es sich kaum sagen: Unhöflichkeit schadet vor allem einem selbst. Wer sich im Ton vergreift, verliert nicht nur Respekt – er zündet im schlimmsten Fall Brücken an, die er später dringend bräuchte.

37

Höflichkeit ist dagegen wie ein stiller Vermittler. Sie schafft Raum für Gelassenheit. Für das bessere Wort. Für die Deeskalation, die nicht schwächt, sondern weise macht.

„Wie das Wachs, von Natur hart und spröde, durch ein wenig Wärme so geschmeidig wird, dass es jede beliebige Gestalt annimmt, so kann man selbst törichte und feindselige Menschen durch etwas Höflichkeit und Freundlichkeit biegsam und gefällig machen."

– Arthur Schopenhauer

Was für ein schönes Bild: Höflichkeit als Wärme, die Härte aufweicht. Nicht, um sich selbst zu verbiegen – sondern um dem anderen die Möglichkeit zu geben, sich zu entspannen. Zu reagieren statt zu explodieren. Zu begegnen statt zu bekämpfen.

Wer höflich ist, verliert nichts – aber gewinnt oft viel: Offenheit, Respekt, Kooperation. Und selbst wenn sie nichts ändert, verändert Höflichkeit immer den, der sie lebt.

Höflichkeit ist verwandt mit Achtsamkeit. Und vielleicht ist sie in schwierigen Zeiten genau das: eine feine Geste, die nichts kostet – und doch mehr bewirkt, als man ihr ansieht.

I wie Investitionen

Die Kunst, mit Weitblick zu handeln – im Kleinen wie im Großen

Investitionen – ein Wort, das an Aktienkurse, Immobilien oder Börsennachrichten denken lässt. Doch wer genauer hinsieht, erkennt: Investieren heißt mehr, als Zahlen auf einem Depotauszug zu addieren. Es ist eine bewusste Entscheidung mit Weitblick. Ausdruck eines Denkens, das auf die Zukunft zielt – nicht auf schnellen Gewinn, sondern auf nachhaltigen Aufbau.

Nehmen wir ein Beispiel: die Investition in ein kleines Pharmaunternehmen. Auf den ersten Blick eine spekulative Sache. Auf den zweiten: eine Möglichkeit, echten Wohlstand Schritt für Schritt zu entwickeln. Vorausgesetzt, man versteht, worum es wirklich geht.

Das Unternehmen hat ein Medikament erforscht und zur Marktreife gebracht – gegen eine häufige Alterskrankheit. Es wirkt über einen neuen Mechanismus – deutlich nebenwirkungsärmer als bisherige Präparate. Eine medizinische Innovation mit Potenzial. Die entscheidende Frage lautet: Wird die Fachwelt – also Ärzte, Kliniken, Krankenkassen – diese Verbesserung erkennen und ihr Verschreibungsverhalten entsprechend anpassen?

Wer hier investiert, braucht mehr als Hoffnung. Er braucht Sorgfalt – das, was Fachleute „Due Diligence" nennen: eine genaue Prüfung des Unternehmens, seiner Pipeline, seiner Partner, seiner bisherigen Ergebnisse. Und mehr noch: Geduld.

Denn zwischen Zulassung und Markterfolg liegen Jahre. Jahre, in denen Kapitalmaßnahmen anstehen, Strukturen aufgebaut werden müssen – Produktion, Vertrieb, Management. Jahre, in denen der Aktienkurs schwankt, ohne dass sich im Außen viel bewegt.

Die eigentliche Kunst liegt darin, genau diese Zeit durchzuhalten. Nicht von Euphorie zu Euphorie zu springen, sondern klar zu bleiben. Auch das Gegenteil auszuhalten: Kursabstürze, ausgelöst durch Ungeduld der Anleger oder gezielte Störmanöver der Konkurrenz.

Wer überzeugt ist, erkennt solche Phasen nicht als Bedrohung, sondern manchmal sogar als Chance – um die eigene Position überlegt und mit Weitblick auszubauen.

Und wenn am Ende – vielleicht – der große Durchbruch gelingt, ist der Ertrag mehr als ein flüchtiger Moment: Es kann eine deutliche Kurssteigerung sein, eine lukrative Übernahme durch einen Pharmariesen – oder mit langem Atem gedacht, regelmäßige Dividenden, die ein stabiles passives Einkommen ermöglichen.

Investieren heißt: vorausdenken, tragen, aushalten. Es ist eine stille Form des Gestaltens – und kann, mit Bedacht betrieben, ein Weg sein zu etwas, das wirklich trägt: selbst erwirtschafteter Wohlstand, gewachsen mit der Zeit. Nicht über Nacht. Aber in kleinen, verlässlichen Schritten.

Ein Gedanke von Arthur Schopenhauer führt diesen Blick allerdings warnend weiter:

„Vorhandenes Vermögen soll man betrachten als eine Schutzmauer gegen die vielen möglichen Übel und Unfälle; nicht als eine Erlaubnis oder gar Verpflichtung, die Plaisiers[4] der Welt heranzuschaffen."

Doch Investitionen reichen weit über Geld hinaus. Wer mit offenem Blick durch das Leben geht, erkennt: Auch jenseits des Finanziellen gibt es unzählige Möglichkeiten, sinnvoll zu investieren – in das, was trägt, verbindet und heilt.

Da ist zum Beispiel die Investition in Freundschaften. Sie verlangt kein Geld, aber Zeit, Achtsamkeit, echtes Interesse. Eine Nachricht zur rechten Zeit. Ein Besuch, auch wenn die Entfernung groß ist. Eine Einladung, die nicht dem Anlass, sondern dem Menschen gilt.

Wer Beziehungen pflegt, sät Vertrauen – und erntet im Lauf der Jahre ein Netzwerk aus Nähe, das trägt, wenn es einmal schwer wird.

Oder die Investition in Bildung – die eigene und die der Kinder. Nicht nur als Abschluss, sondern als bewusste Lebensweise: neugierig bleiben, Zusammenhänge verstehen wollen, Denken üben. Bildung ist kein Selbstzweck. Sie ist die Grundlage, um die Welt zu gestalten, statt ihr nur ausgeliefert zu sein.

---

[4] frz. „plaisirs" = Vergnügungen, Genüsse, weltliche Freuden

Gesundheitsvorsorge ist ein weiteres Feld der Investition: unspektakulär, aber von großer Wirkung. In eine Ernährung, die nährt, nicht nur füllt. In Lebensmittel, die nicht für Haltbarkeit optimiert sind, sondern für Verträglichkeit. In Bewegung, die den Körper stärkt, ohne ihn auszubeuten. In Stille, die heilt. In Schlaf, der regeneriert.

Auch Tiere verdienen unsere Fürsorge. Wer mit ihnen lebt, weiß: Sie schenken Vertrauen, Nähe – und oft Trost. Aber sie brauchen Schutz. Sie brauchen gutes Futter, einen sicheren Platz, medizinische Begleitung. Wer in sie „investiert", bekommt oft mehr zurück, als er geben kann – bedingungslos.

Und dann ist da noch die Partnerschaft. Die Ehe. Die Familie. Auch sie brauchen Aufmerksamkeit. Kleine Zeichen von Liebe, von Verständnis, von Bereitschaft, da zu sein. Ein Gespräch am Abend. Ein aufmerksamer Blick. Ein Tag ohne Anspruch – aber mit Nähe.

Und schließlich: Barmherzigkeit. Wer etwas hat – Zeit, Geld, Kraft, Räume – kann teilen. Nicht aus Pflichtgefühl, sondern aus Einsicht. Denn echter Reichtum zeigt sich nicht nur im Besitz, sondern in der Großzügigkeit. Nicht jeder steht auf der Sonnenseite des Lebens. Aber manchmal reicht eine Geste, ein Beitrag, eine Einladung – um Licht zu spenden.

Investieren heißt: etwas einsetzen, das wachsen darf. Nicht immer materiell. Oft unauffällig. Aber immer wirksam.

J wie Jetzt

Die Kunst, den Moment wirklich zu leben

„Irgendwann ..." – kaum ein Wort fällt häufiger, wenn es um Entscheidungen geht. Irgendwann anfangen, irgendwann loslassen, irgendwann mehr leben, weniger arbeiten, besser essen, öfter lachen. Dabei übersehen wir oft: Alles, was wirklich zählt, beginnt nicht irgendwann – sondern jetzt.

Das Jetzt ist leise. Es drängt sich nicht auf. Es wartet nicht. Es fliegt vorbei, wenn wir es übersehen – und schenkt Tiefe, wenn wir es beachten.

Viele Menschen leben gedanklich in der Zukunft. Planen, rechnen, optimieren. Oder sie kreisen um die Vergangenheit – was war, was hätte sein können, was anders hätte laufen sollen. Doch gestalten können wir nur eines: diesen Moment. Das Jetzt.

Nur das Jetzt ist wirklich. Die Vergangenheit liegt hinter uns, die Zukunft erscheint als Möglichkeit. Der Moment mag zwar ständig vergehen – doch nur in ihm geschieht Leben. Hier können wir handeln, fühlen, entscheiden. Alles beginnt genau jetzt. Auch die Zukunft entsteht nicht irgendwann – sondern in diesem Atemzug. Der Same von morgen wird heute gelegt.

Wer das Jetzt achtet, kommt dem Gedanken näher, dass das Leben kein fester Zustand ist, sondern ein ständiger Übergang. Nichts bleibt, wie es war. „Der Wechsel allein ist das Beständige", sagte Schopenhauer.

Und gerade darin liegt eine stille Würde: zu wissen, dass zwar jeder Augenblick vergeht – aber auch, dass in jeder Gegenwart etwas Neues geboren wird.

Vielleicht ist deshalb jeder Tag wie ein kleines Leben: mit dem Erwachen als Anfang, dem Tun in der Mitte und dem Einschlafen als sanftem Ende. Wer dies erkennt, begegnet ihm mit größerer Achtsamkeit – und vielleicht auch mit mehr Milde. Für sich selbst. Und für andere.

Das Jetzt ist unser gemeinsamer Raum, aber was darin geschieht, ist stets individuell. Wer das durchdringt, schaut mit mehr Verständnis auf andere – und weniger Urteil.

Das Jetzt ist auch der Ort, an dem Veränderungen beginnen. Wer auf den perfekten Moment wartet, wird oft enttäuscht. Wer beginnt – mit einem kleinen Schritt, einer Geste, einem klaren Wort –, spürt: Das Jetzt ist kraftvoll. Es wirkt. Es trägt weiter als jeder Gedanke an morgen.

Und doch ist das Jetzt nicht nur Licht. Auch der Schatten wohnt darin. Schmerz lebt im Jetzt, genauso wie Freude. Wer sich dem Moment entzieht, verschließt sich beidem – und verpasst die Tiefe des Lebens.

Wer tiefer blickt, erkennt: In allem Lebendigen weht bereits der Hauch des Vergänglichen. Im Aufblühen schwingt schon der Abschied mit – so wie im Vergehen bereits das Neue keimt.

Das Wesen des Lebens zeigt sich im Wandel: Der Tod ist nicht das Ende, sondern ein anderer Pol des Anfangs. Und im Leben liegt nicht bloß Bewegung – sondern auch Loslassen.

In allen Zeiten gab es Mittel zur Ablenkung – und immer konnten sie zur kollektiven Grundrauschkulisse werden. Umso wertvoller ist ein Moment der individuellen Rückkehr. Ein Aufatmen. Eine Art, sich selbst wieder zu spüren.

Und manchmal sind es Stunden mit Geselligkeit, Spaß und Leichtigkeit, die genossen werden wollen – und es verdienen, bewahrt zu werden. Für die man sich niemals rechtfertigen will oder sollte. Denn sie sind keine Versprechen auf später, keine Andeutungen von Hochgefühl, sondern sie beglücken unmittelbar in der Gegenwart. Nicht über das, was sie erhoffen lassen – sondern durch das, was sie bereits sind.

Wer solche Augenblicke erkennt, sollte sie weder zerreden noch zergrübeln – sondern leben. Mit offenen Sinnen. Mit Dankbarkeit. Und mit dem Bewusstsein, dass in ihnen oft mehr Reichtum steckt als in jeder Vorstellung von später.

K wie Konsequenzen

Die Kunst, zu tragen, was man wählt

Jede Entscheidung weist eine Richtung – und jede Richtung hat Folgen. Wer bewusst lebt, versucht nicht, sich vor Konsequenzen zu drücken – sondern sie mit Würde zu tragen.

Nicht jede Entscheidung ist leicht. Und nicht jede Folge ist angenehm. Aber in ihr liegt Wahrheit. Konsequenzen sind das Echo unserer Entscheidungen. Und sie erinnern uns daran: Freiheit ist kein Zustand. Freiheit ist Verantwortung.

Es scheint, als sei das Prinzip der Konsequenz vielerorts ins Wanken geraten. Der Mensch lernt durch Erfahrung: Wenn sich ein Verhalten auszahlt, wird es wiederholt. Wenn es zu Nachteilen führt, wird es gemieden. Das gilt für Kinder genauso wie für Erwachsene. Und für Gesellschaften ebenso wie für Einzelne.

Wenn Rücksichtslosigkeit ohne Folgen bleibt – oder sogar belohnt wird –, verschiebt sich das, was als normal gilt. Nicht nur der Täter verroht. Auch das Umfeld stumpft ab. Und ohne innere Reue, ohne äußere Grenze wird aus Rücksichtslosigkeit Berechnung. Aus Gier wird Strategie.

Was als Einzelfall beginnt, wird zum System – weil es durchgeht. Weil es sich auszahlt. Kommt uns das bekannt vor?

Fehlende Konsequenz wird dann zur Einladung, immer weiterzugehen. Immer skrupelloser. Immer aggressiver. Immer hemmungsloser.

So entsteht kein Fortschritt, sondern ein Klima des Misstrauens. In einer solchen Gesellschaft wird nicht das Gute, sondern das Rücksichtslose belohnt.

Konsequenzen sind nicht dazu da, zu strafen – sondern vor allem, um zu klären. Sie schaffen Ordnung, nicht Angst. Haltung, nicht Härte. Sie helfen uns, wieder unterscheiden zu lernen: zwischen richtig und bequem, zwischen fair und clever, zwischen Verantwortung und Vorteilsdenken.

Wo Konsequenzen ausbleiben, verliert sich die Orientierung. Wo sie gelebt werden – mit Maß, mit Klarheit und mit Menschlichkeit – entsteht Vertrauen. Und manchmal braucht es gar keine Strafe. Es reicht, wenn jemand die Folgen seines Handelns erkennt – und beginnt, es künftig anders zu machen.

Konsequenzen formen nicht nur das Leben des Einzelnen, sondern prägen auch das Klima, in dem eine Gesellschaft wächst. Nicht Gesetze allein entscheiden, wohin sie sich entwickelt – sondern der Maßstab, den ihre Mitglieder an sich selbst anlegen.

L wie Loyalität

Die Kunst, bei sich und anderen zu bleiben

Loyalität ist kein Versprechen, das man gibt – sondern ein Verhalten, das man zeigt. Oft still. Oft im Hintergrund. Oft erst dann sichtbar, wenn es darauf ankommt. „Zwischen Worten und Taten liegt ein Ozean" – ein Sprichwort, unbekannter Herkunft, aber treffend. Denn Loyalität zeigt sich auf der Seite der Taten.

Loyalität bedeutet nicht: alles gut finden. Sie bedeutet: da sein, wenn es schwierig wird. Nicht alles mittragen – aber mittragen, was zählt. Sie ist kein Selbstverlust, sondern ein Zeichen von Verlässlichkeit – gegenüber anderen und gegenüber sich selbst. Sie wächst im Stillen und wirkt oft erst dann, wenn es unbequem wird.

Albert Schweitzer sagte einmal: „Vertrauen ist die Frucht der Loyalität." Und vielleicht ist es genau das: Loyalität ist der Boden – Vertrauen das, was daraus wächst. In Beziehungen. In Freundschaften. In Familien. Aber auch im Umgang mit sich selbst. Denn wie soll man anderen gegenüber aufrichtig sein, wenn man sich selbst nicht ernst nimmt?

Loyalität offenbart sich nicht in großen Reden, sondern in kleinen Gesten. Wenn jemand nicht fragt, ob es passt – sondern einfach da ist. Wenn jemand nicht urteilt, sondern zuhört. Wenn ein Mensch auch dann noch zu einem hält, wenn man selbst den Glauben an sich verloren hat.

Loyalität kann unbequem sein, bedeutet jedoch nicht, alles zu ertragen. Sie zeigt sich manchmal darin, dass man bleibt – auch in schweren Zeiten. Aber genauso kann sie bedeuten, sich zu distanzieren – wenn das Verhalten des anderen nicht mehr mit dem eigenen Gewissen vereinbar ist. Denn Loyalität ist nicht dasselbe wie Gefälligkeit! Sie ist kein „Ich stehe zu dir – egal was du tust." Sondern eher: „Ich stehe zu dir – und gerade deshalb sage ich dir ehrlich, was ich sehe."

Wer loyale Menschen um sich hat, weiß, was er an ihnen hat. Nicht laut, nicht schrill, aber tragfähig – über Jahre hinweg und durch viele gemeinsame Erfahrungen geprägt.

Loyalität ist wie ein Anker: Man spürt ihn nicht – bis der Sturm kommt. Denn am Ende zählt nicht, wer die meisten Worte gemacht hat – sondern wer da war, als es darauf ankam.

M wie Machtmissbrauch

Warum Mitgefühl Mut braucht – und Mitmachen Folgen hat

Macht ist nicht das Problem. Doch wo sie ohne Kontrolle bleibt, ohne Gewissen, ohne echtes Gegenüber – da schleicht sich oft der Missbrauch ein. Und dieser beginnt häufig leise: in einem Tonfall, in einem Blick, in einem Kommentar, der so dahergesagt scheint, aber trifft. Immer wieder. Und irgendwann sitzt.

Machtmissbrauch geschieht nicht nur in den großen Institutionen. Nicht nur in Politik, Wirtschaft oder Kirche. Er breitet sich auch im Privaten aus – in Familien, Partnerschaften, Pflegebeziehungen, am Arbeitsplatz. Überall dort, wo Menschen von anderen abhängig sind: weil sie auf Pflege angewiesen oder finanziell gebunden sind, weil sie als Kinder oder Partner weniger Macht haben – oder weil das Machtgefälle nie benannt wurde, sondern stillschweigend fortbesteht, weil es „schon immer so war".

Meistens erkennen Betroffene erst spät, was geschieht. Weil sie zu lange vertrauten – ohne genau hinzusehen. Weil sie hofften, dass sich etwas ändert. Weil ihnen eingebläut wurde, nur sich selbst infrage zu stellen statt das Verhalten anderer. Weil sie von klein auf dazu erzogen wurden, sich anzupassen, still zu sein, durchzuhalten. Und weil sie lange nicht wussten, dass man sich bewusst entscheiden darf: für die eigene Würde, für innere Klarheit – und für ein klares Nein.

Machtmissbrauch hat viele Gesichter. Und es gibt Orte, an denen er nicht nur verletzte, sondern vernichtete. Es ist schwer, ein einzelnes Beispiel zu nennen, ohne andere zu übergehen – und doch steht Hadamar zur Zeit des Nationalsozialismus exemplarisch für das, wozu systematischer Machtmissbrauch führen kann. Und dass Widerstand möglich ist.

Im Jahr 1940 wurde die Landesheilanstalt Hadamar zur zentralen Anstalt im Rahmen der sogenannten „Euthanasie"-Aktion T4. In dieser Phase wurden dort tausende Menschen ermordet, die als „lebensunwert" galten – Menschen mit Behinderungen oder psychischen Erkrankungen. Sie wurden systematisch vergast und verbrannt. Und lange schwieg man darüber. Angehörige erhielten gefälschte Todesnachrichten und Urnen mit fremder Asche. Auch nach der offiziellen Einstellung der Aktion T4 im August 1941 setzten sich die Tötungen fort – durch Medikamente, Unterernährung, Vernachlässigung. Über 4.400 namentlich bekannte Opfer sind dokumentiert.

Hadamar steht heute offen – als Gedenkstätte, Archiv und Lernort. Wer die Räume betritt, die Namen liest, die Dokumente sieht, begreift etwas von der zerstörerischen Kraft eines Systems, das Menschlichkeit auslöschte: geplant, legitimiert – und getragen von Mitwissenden, Schweigenden und Mitmachenden.

Trotzdem gab es Stimmen, die sich widersetzten: Im August 1941 sprach Clemens August Graf von Galen, Bischof von Münster, in einer mutigen Predigt öffentlich vom Mord.

51

Zehn Tage später schrieb Antonius Hilfrich, Bischof von Limburg, an den Reichsjustizminister. Ihre Worte wurden gehört – und trugen mit dazu bei, dass die zentrale Tötungspolitik zumindest unterbrochen wurde, weil der Fortbestand solcher menschenverachtenden Systeme davon abhängt, dass ihr wahres Gesicht der Öffentlichkeit verborgen bleibt.

Diese Momente zeigen: Es war möglich, früher zu widersprechen. Deutlicher. Lauter. Und hätten sich noch mehr Stimmen erhoben, wäre viel Leid verhindert worden.

Hadamar ist nicht der einzige Ort, an dem Macht in Unmenschlichkeit umschlug. Die Geschichte kennt viele solcher Stätten – in verschiedenen Ländern, unter unterschiedlichen Ideologien, mit wechselnden Namen. Doch das Muster bleibt erschreckend ähnlich: Menschen wurden entrechtet, entwürdigt, ausgelöscht – weil andere meinten, das Recht dazu zu haben.

Machtmissbrauch ist kein abgeschlossenes Kapitel der Geschichte. Er zeigt sich auch heute – in anderen Formen, unter neuen Vorzeichen, doch mit ähnlicher Dynamik: überall dort, wo Menschen ausgeliefert sind und Verantwortung in Gleichgültigkeit oder Übergriff umschlägt.

Zehntausende Betroffene haben vom sexuellen Missbrauch in kirchlichen Einrichtungen berichtet – über Jahrzehnte hinweg verschwiegen, systematisch vertuscht, durch Hierarchien gedeckt.

Auch in Pflegeeinrichtungen wurden wiederholt Missstände dokumentiert: mangelnde Hygiene, Medikamentenmissbrauch, Vernachlässigung. Wo Kontrolle fehlt und Mitgefühl verloren geht, beginnt das, was niemand so nennen will – und sich dennoch vollzieht.

Selbst in Schulen und digitalen Räumen ist Machtmissbrauch spürbar: durch Demütigung, Mobbing, Ausgrenzung oder die Verbreitung von Gewaltvideos. Solche Inhalte zirkulieren oft unkontrolliert, verstärken ein Klima der Verrohung – und hinterlassen Spuren. Gerade bei jungen Menschen in einer Lebensphase, in der Orientierung und Empathie besonders gebraucht werden.

Diese Beispiele zeigen: Machtmissbrauch ist kein fernes oder vergangenes Phänomen. Er tritt hier und jetzt auf – oft im Verborgenen. Besonders häufig richtet er sich gegen jene, die sich nicht selbst schützen können: gegen Kinder, Menschen mit Behinderung, Obdachlose, alte Menschen – und gegen Tiere.

Deshalb braucht es Aufmerksamkeit. Mut. Und klare Entscheidungen – für das Leben, für Mitgefühl, für Gerechtigkeit.

Denn Machtmissbrauch geschieht fast nie im leeren Raum, sondern in Systemen, in Strukturen, in Stimmungen. In einem Klima, das Wegsehen duldet – oder gar verlangt.

Doch ebenso wirken auch Gewissen, Klarheit und Menschlichkeit – wie bei Bischof von Galen oder Bischof Hilfrich, die nicht schwiegen, als andere wegsahen.

Solche Stimmen lassen sich nicht verordnen – aber sie wirken ansteckend. Still. Und stetig.

Je mehr Menschen ihrem inneren Kompass folgen statt bloß Anweisungen, je mehr sich nicht mitschuldig machen, selbst wenn das Nachteile bringt – desto eher erkennen andere, dass auch sie wählen können. Dass ein deutliches Nein jederzeit möglich ist. Dass Verantwortung dort beginnt, wo man selbst steht.

Oft aber wird genau diese Verantwortung verschoben – mit scheinbar harmlosen Sätzen: „Ich habe nur getan, was mir gesagt wurde." „Andere machen das doch auch." „Woanders ist es noch viel schlimmer." Solche Ausreden klingen klein, doch sie entfachen eine große Wirkung. Denn sie machen das Mitmachen für die Täter selbst begründbar – und vor dem eigenen Gewissen erträglicher. Genau das verleiht ihnen ihre gefährliche Wirkung: Sie weisen Verantwortung von sich, obwohl sie selbst handeln.

Je weniger Menschen grausam, übergriffig, manipulativ oder zerstörerisch handeln, desto menschlicher wird unser Zusammenleben. Desto größer ist die Chance auf Vertrauen, auf Miteinander, auf Heilung.

Ein positives, tragfähiges Weltgefühl entsteht nicht von allein. Es beginnt im Kleinen – mit der Entscheidung, Mensch zu bleiben. Gerade dann, wenn andere es nicht sind.

„Wenn Unrecht zu Recht wird, wird Widerstand zur Pflicht." – Bertolt Brecht

N wie Neid

Die Kunst, zu leuchten – ohne andere zu blenden

Es gibt Gefühle, über die wir nicht gern sprechen. Weil sie nicht zu dem Bild passen, das wir von uns haben. Weil sie klein wirken. Eng. Oder weil sie uns selbst unangenehm sind.

Neid ist so ein Gefühl. Kaum einer will ihn haben, doch jeder kennt ihn – zumindest ein bisschen.

Und zwar nicht nur im Großen. Nicht wegen Reichtum, Schönheit oder Ruhm. Sondern im Alltag. Dort, wo das Leben leise seine Maßstäbe verteilt. Man beneidet die Ruhe des anderen. Seine scheinbar tiefe Gewissheit. Seine Art, ein gutes Gespräch zu führen. Oder die Geduld, mit der jemand eine Wand streicht, ohne sich einmal zu bekleckern.

Neid ist selten laut. Er sitzt still im Nebenraum, hört mit – und vergleicht. Unaufhörlich. Und er tut das nicht, weil er boshaft ist. Sondern weil er sich leer fühlt. Weil er glaubt, es fehle etwas. Und dass ein anderer es hat.

Aber: Nicht jeder ist gleich empfänglich für diesen inneren Schatten. Es gibt Menschen, die scheinen Neid kaum zu kennen. Vielleicht, weil sie dem Leben vertrauen. Oder weil sie sich selbst genügen – ohne es besser wissen zu wollen als andere. Sie gönnen, was anderen gelingt. Sie vergleichen kaum. Nicht, weil sie besonders edel wären, sondern weil sie anders gewachsen sind.

Und es gibt andere, bei denen Neid wie ein Begleiter wirkt. Ständig anwesend. Wie ein stiller Kommentar zu allem, was geschieht. Oft ist das nicht einmal böse gemeint. Es ist eher ein inneres Unbehagen – ein „Ich müsste doch auch...", das nie ganz verstummt. Ein Gefühl, übergangen worden zu sein – vom Glück, der Gerechtigkeit, vielleicht sogar vom Leben selbst.

Wer so empfindet, kann sich den Neid nicht einfach abgewöhnen. Er lässt sich nicht wegwünschen. Er ist da – wie ein Blick, der sich suchend auf das richtet, was anscheinend fehlt. Aber dieser Blick kann sich wandeln, wenn man ihn ernst nimmt.

Denn Neid zeigt oft nicht nur, was der andere hat – sondern was man selbst schmerzlich vermisst. Er kann ein Hinweis sein: auf Sehnsucht, auf ungestillte Erwartungen, auf verletztes Selbstwertgefühl. Er führt nicht zu Lösungen. Aber er kann den Anfang markieren – wenn man aufhört, nach außen zu schauen, und beginnt, sich selbst zuzuwenden.

Was wir an anderen bewundern, ist oft nur die Außenansicht. Wie bei einem Haus im Sonnenschein. Von weitem wirkt alles stimmig. Doch wer nähertritt, sieht den abgeblätterten Putz, den schiefen Sims, hört das knarrende Tor. Und innen bleibt es oft dunkler, als es vorher schien.

Manchmal ist der Neid nur ein kleiner, grüner Kobold, der einem auf der Schulter sitzt und leise nörgelt. Aber bei manchen Menschen ist er längst dort nicht mehr zu finden. Er hat sich ins Innere verlagert – größer, gewichtiger, unruhiger.

Kein Kobold mehr, sondern längst ein Dämon. Nicht niedlich. Nicht lächerlich. Sondern wachsam, empfindlich – und schwer zu besänftigen.

Daher ist es häufig nötig, klug zu sein: Der Dämon „Neid" lässt sich nämlich nicht beeindrucken – aber sehr wohl reizen. Wer ihn nicht weckt, lebt oft friedlicher. Deswegen trägt man manche Erfolge besser im Herzen als auf der Zunge. Nicht aus Bescheidenheit. Sondern aus Weisheit.

O wie Opferbereitschaft

Die Kunst, zu verzichten – ohne zu verlieren

Es ist leicht, für Werte einzustehen, wenn es nichts kostet. Wenn Zustimmung winkt. Wenn man mit Beifall rechnen darf. Wenn „Nein sagen" als couragiert gilt und die eigene Haltung gesellschaftlich erwünscht ist.

Doch was ist, wenn es mehr braucht als diesen „Gratismut"? Was ist, wenn ein klares „Nein" handfeste Folgen hat? Wenn Loyalität zur inneren Wahrheit bedeutet, dass man aneckt, abgewertet wird oder den sicheren Weg verlässt? Wenn man nicht mehr dazugehört – oder bewusst ausgegrenzt wird?

Wer Machtmissbrauch nicht schweigend hinnimmt, zahlt mitunter einen hohen Preis. Denn Systeme, die auf Angst oder Gehorsam beruhen, mögen es nicht, wenn jemand widerspricht. Und oft geschieht es nicht laut – sondern still. Man wird übergangen. Hinterfragt. Anders behandelt. Nicht mehr eingeladen. Man verliert Ansehen. Oder Einfluss. Manchmal auch die Stelle. Oder das Vertrauen, das einem einst geschenkt wurde.

Das ist der Moment, in dem der Mut zum Einstehen für die eigenen Werte zur Opferbereitschaft wird. Nicht, weil man leidet. Sondern weil man bewusst auf etwas verzichtet, das einem eigentlich zustünde. Auf Sicherheit. Auf Anerkennung. Auf Bequemlichkeit. Auf das tröstliche Gefühl, dazuzugehören.

Opferbereitschaft klingt oft edel. Aber sie ist selten angenehm. Denn sie bedeutet, den eigenen Vorteil hintenanzustellen – aus Überzeugung, aus Gewissen, aus Mitgefühl.

Dabei ist das eigentliche Opfer nicht immer sichtbar. Manchmal ist es eine stille Entscheidung. Ein Weg, den man bewusst nicht geht. Ein Satz, den man bewusst nicht sagt. Einen Auftritt oder Auftrag, den man nicht bekommt, weil man vorher standgehalten hat.

Und doch bleibt etwas Entscheidendes:

Die Würde, nicht mitgemacht zu haben.

Die Klarheit, sich nicht verbogen zu haben.

Die stille Kraft, sich selbst noch in die Augen sehen zu können.

Wer für Werte einsteht, trägt manchmal Verluste. Aber er bewahrt etwas viel Tieferes: Den inneren Kompass. Die Verbindung zu sich selbst. Und manchmal auch das Vertrauen anderer – weil sie genau das gespürt haben.

Doch Opferbereitschaft zeigt sich nicht nur im Großen. Manchmal ist sie ganz leise – und ganz praktisch. Zum Beispiel im Verzicht auf schnellen Konsum. Auf das neue Gerät. Den spontanen Urlaub. Den Kauf, der eigentlich nicht nötig ist.

Wer im Heute bewusst auf etwas verzichtet, schützt oft das Morgen. Nicht aus Geiz – sondern aus Klarheit. Nicht aus Angst – sondern aus Vernunft. Denn man weiß: Gute Zeiten bleiben nicht für immer. Und was jetzt selbstverständlich wirkt, kann sich schneller ändern, als man denkt.

Wer früh lernt, bewusst zu verzichten, geht achtsamer mit seinem Vermögen um. Und hat im Fall der Fälle mehr Spielraum – nicht nur finanziell, sondern auch innerlich.

Denn echte Sicherheit entsteht nicht durch Überfluss – sondern durch Unabhängigkeit.

Arthur Schopenhauer sagte es so:

„Unsere Maxime aber sei: Opfere den bösen Dämonen! Das heißt, man soll einen gewissen Aufwand von Mühe, Zeit, Unbequemlichkeit, Weitläufigkeit, Geld oder Entbehrung nicht scheuen, um der Möglichkeit eines Unglücks die Türe zu verschließen."

Manche Opfer sind also keine Verluste. Sondern stille Vorsorge – für später. Für ein Leben mit Maß, Haltung und innerer Freiheit.

P wie Pannen

Die Kunst, übers Stolpern zu lachen – und weiterzugehen

„Erzählt ihr wieder von euren Pannen?" Unsere Enkelin liebt diesen Moment – weil er uns alle miteinander verbindet. Denn kaum ist die Frage gestellt, sitzen wir alle da und schmunzeln. Was eben noch Alltag war, wird plötzlich Bühne: Ein falsch betanktes Auto, das später ruckelnd stehenblieb – weil statt Diesel irrtümlicherweise Benzin im Tank landete. Eine vermeintlich schlaue Abkürzung durch Feld und Wiesen, die im Festfahren endete – samt Abschleppaktion durch den Traktor eines hilfsbereiten Bauern. Oder ein gebrochenes Schlüsselbein, nicht etwa auf der Skipiste, sondern am ersten Urlaubstag, beim Ausrutschen auf der Hoteltreppe.

Ja – auch Erwachsene stellen Unfug an. Manchmal sogar schlimmeren als Kinder – nur eben ohne deren „Süßheitsbonus". Denn oft sind Erwachsene selbst fassungslos über ihre Tollpatschigkeit.

Missgeschicke haben eine seltsame Kraft. Kaum sind sie passiert, fühlt man sich ertappt, durchgeschüttelt, aus dem Takt gebracht. Doch im Rückblick zeigt sich: Wer sie teilt, gewinnt – an Nähe, an Leichtigkeit und an Geschichten. Pannen verbinden – durch die Generationen hinweg.

Denn etwas ist an ihnen besonders: Sie sind nicht nur peinlich. Sie sind emotional. Und genau das merkt sich das Gehirn.

Der Hippocampus – unser fleißiger Speicherhelfer im Kopf – sortiert täglich, was wichtig genug ist, um zu bleiben. Die meisten Dinge? Verschwinden. Aber Pannen? Die bleiben. Weil sie nicht nur „passieren", sondern gleichzeitig etwas mit uns machen. Wir erschrecken. Wir lachen. Wir schämen uns. Und manchmal, ganz ehrlich, auch ein bisschen über die Pannen anderer – weil wir dann wissen: Wir sind nicht allein.

Diese Mischung wirkt wie Leim im Gedächtnis.

Vielleicht ist das der Grund, warum wir uns nicht an jede Rede erinnern – aber sehr wohl an das Pannenjahr mit dem Hotelsturz auf der Treppe. Nicht an alle Alltagstage – aber an jenen, an dem der Traktor kam.

Pannen zeigen uns: Perfektion ist langweilig. Und oft auch gar nicht möglich. Wir sind Menschen. Mit Lücken, mit Unachtsamkeiten, mit Momenten, in denen wir zu schnell oder zu müde waren – oder mit etwas ganz anderem beschäftigt.

Und manchmal sind genau diese Momente das, was uns einander näherbringt. Was uns lachen lässt – und erinnern. Was uns zeigt: Auch du hast sowas. Auch du warst schon mal daneben. Und bist trotzdem hier.

Wer sich selbst nicht zu ernst nimmt, lebt freier. Und wer anderen erlaubt, über die eigenen Pannen zu lachen, hat etwas verstanden, das vielen fehlt: Dass Würde und Leichtigkeit sich nicht ausschließen.

Q wie Quelle

Woher wir schöpfen – und wie wir uns innerlich nähren

Manchmal vergessen wir, dass selbst das stärkste Wesen eine Quelle braucht. Einen Ort, an dem es auftanken kann. Einen Grund, aus dem Kraft fließt, still und verlässlich – selbst dann, wenn es ringsum unruhig wird.

Quellen sind nicht immer sichtbar. Und sie zeigen sich unscheinbarer, als wir glauben – fast übersehbar. Ein Gespräch, das erfüllt – mit Menschen, die sich mit der Zeit als Freunde erwiesen haben und es geblieben sind. Eine Erinnerung, die wärmt. Ein Ritual, das ordnet. Oder ein Spaziergang durch den Wald, bei dem sich die Gedanken langsam sortieren – wie Steine im Bachbett.

Wer sich seiner Quellen bewusst ist, lebt anders. Achtsamer. Ruhiger. Weniger getrieben. Und er schützt diese Quellen – weil sie existenziell wichtig sind.

Manche Menschen finden ihre Quelle im Gegenüber. In einem vertrauten Menschen. In einer Freundschaft, die immer ist – auch wenn Monate vergehen, ohne dass man sich sieht. In einem Satz, der nicht belehrt, sondern stärkt. In einem Blick, der nicht fragt, sondern sofort versteht – weil er aus jahrelanger Nähe kommt. Weil er mehr weiß, als Worte sagen können.

Andere schöpfen aus Stille, Musik, Gebet, Bewegung oder Natur. Manche aus der Zeit mit Tieren, der Arbeit im Garten, im einfachen Tun mit den eigenen Händen.

Falsche Quellen gibt es nicht – nur solche, die versiegen, wenn wir sie nicht hüten.

Und dann gibt es noch eine tiefere, innere Quelle – eine, die wir in uns selbst tragen. Sie ist nicht abhängig von äußeren Umständen, nicht von Lob, Status oder Erfolg. Je mehr ein Mensch aus seinem Inneren schöpfen kann, desto weniger ist er auf das Außen angewiesen. Und desto ruhiger bleibt er – auch wenn um ihn herum alles flimmert und drängt.

Wer nur nach außen lebt, riskiert, sich nach innen zu verlieren. Denn was nützt Glanz, Rang oder Titel, wenn darüber die eigene Ruhe verloren geht? Wer für äußere Anerkennung seine Unabhängigkeit eintauscht, verliert oft mehr, als er gewinnt.

Vielleicht beginnt ein gutes Leben genau hier: Mit der Frage, was uns wirklich stärkt. Mit dem Mut, auf Überflüssiges zu verzichten.

Denn viele Menschen bemühen sich weitaus mehr um Reichtum als um Geist. Sie häufen Zahlen, Dinge, Besitz an – oft lebenslang und weit über das hinaus, was für den gesunden Wohlstand nötig wäre. Getrieben von der Sorge, zu kurz zu kommen – oder aus dem Wunsch heraus, etwas zu gelten. Und wenn dann tatsächlich ein Vermögen dasteht, bleibt die Frage: Wurde auf dem Weg dorthin auch in inneren Reichtum investiert? In Klarheit, in Bildung, in Zeit für sich selbst? Oder wurde das Wertvollste geopfert – die Ruhe, die Freiheit, die Fähigkeit, mit sich allein zu sein?

Ein gelebtes, geistiges Leben schützt nicht nur vor Langeweile – es schützt auch vor vielem, was daraus erwachsen kann: schlechte Gesellschaft, zerstreuter Konsum, emotionale Leere, sinnlose Verluste. Wer nur in der äußeren Welt sein Glück sucht, bleibt verletzlicher für all das, was im Inneren hätte aufgefangen werden können.

Darum lohnt sich der Blick zur Quelle – immer wieder. Weil ein Mensch, der weiß, woher er schöpft, auch dann noch stehen kann, wenn andere längst ins Wanken geraten sind.

Wie ein Baum, der in der Tiefe wurzelt und sich dort nährt, steht auch der Mensch, der aus seinem Innersten Kraft gewinnt. Nicht, weil Sturm oder Dürre ausbleiben – sondern weil er allem Unheil standhalten kann.

R wie Rührung

Wenn etwas wirklich zu uns spricht

Gerührt zu sein, heißt nicht schwach zu sein – sondern durchlässig. Offen für das, was größer ist als Worte: Für Mitgefühl. Für Schönheit. Für Wahrheit.

Für das, bei dem wir nur noch sagen: Es überkommt mich.

Kinder rühren uns oft. Tiere auch. Ein alter Mensch, der würdevoll lächelt – und immer noch seinen Alltag meistert. Eine Melodie, die in uns etwas zum Klingen bringt. Oder ein fremder Mensch, der plötzlich eine Geste zeigt – so ehrlich, dass wir kurz den Atem anhalten.

Rührung ist kein bequemes Gefühl. Sie überrascht uns – und manchmal auch ein wenig unangenehm. Weil sie uns zeigt, dass wir nicht ganz so gefasst sind, wie wir vielleicht dachten. Dass etwas in uns mitschwingt, obwohl wir gar nicht damit gerechnet haben.

Dass uns plötzlich die Tränen kommen – oder die Stimme versagt.

Rührung stellt keine Fragen. Sie ist einfach da. Für einen kurzen Moment wird alles still – und genau das macht sie so kostbar.

Vielleicht brauchen wir die Rührung, um nicht hart zu werden. Vielleicht ist sie ein Schutz – gerade weil sie uns weich macht.

Denn ein gerührter, ergriffener Mensch ist verbunden. Mit sich selbst. Mit anderen.

Manchmal genügt ein einziger Moment, der uns rührt. Und wir wissen wieder: Wir können fühlen.

Und dass das einfach genügt.

S wie Sehnsucht

Die Kunst, zu fühlen – ohne sofort zu erfüllen

Sehnsucht ist ein leises Ziehen – kein Schmerz, aber nahe genug, um ihn zu ahnen. Sie meldet sich in Momenten, in denen etwas fehlt – selbst wenn wir es nicht genau benennen können. Mal richtet sie sich zurück – mal nach vorn. Und manchmal ist sie einfach gegenwärtig – wie eine stille Erinnerung daran, dass noch mehr möglich wäre. Mehr Nähe. Mehr Tiefe. Mehr Leben.

Sehnsucht ist kein Mangel. Sie weist auf etwas hin – auf ein Wachsein in uns. Darauf, dass wir nicht abgestumpft sind, nicht ganz angekommen – und vielleicht auch gar nicht ankommen wollen.

Manchmal genügt ein kurzer Moment – ein bestimmter Lichteinfall, ein Lied aus längst vergangenen Jahren, ein altes Urlaubsvideo, das wir zufällig wiederentdecken – und plötzlich scheint sie wieder durch: die Sehnsucht. Nicht laut. Und kaum erklärbar. Aber plötzlich ist alles durchzogen von einem Gefühl, das größer anmutet als der Augenblick.

Wir erinnern uns an etwas, das vielleicht nie genau so war – und doch wirkt es in uns weiter. An Kindertage. An einen Menschen, den wir einmal geliebt haben. An ein Land, wie es einmal war – als vieles noch stimmiger schien. An eine Freiheit, die wir einmal spürten, aber nicht vollständig festhalten konnten.

Sehnsucht ist häufig ein Bild – vage, verschwommen, aber warm. Sie zeigt nicht nur, was fehlt – sondern auch, was in uns schlummert: die Fähigkeit zu Tiefe, zu Verbindung, zu Hoffnung.

Doch Sehnsucht kann auch trügerisch sein, wenn sie nur nach vorn drängt – immer weiter, immer weiter. Wenn sie uns fortzieht aus der Gegenwart, hinein in ein Morgen, das wir wie ein Versprechen vor uns hertragen. Arthur Schopenhauer hatte das mit bitterer Klarheit dargelegt:

„Die Menschen", so schrieb er, „die ihr Glück nur in der Zukunft erwarten und die Gegenwart unbeachtet vorüberziehen lassen, gleichen jenen Eseln in Italien, denen man ein Bündel Heu an einen Stock vor die Nase hängt. Sie beschleunigen ihren Schritt – und merken nicht, dass sie dem Glück nie näherkommen. Denn sie leben ihr Leben nur *ad interim* – einstweilen, vorläufig – bis es vorbei ist."

Und selbst wenn wir scheinbar ankommen – bei etwas, das uns lange unerreichbar schien – bringt es oft nicht die Erfüllung, die wir erwartet haben. Großer Reichtum etwa, nach dem sich viele sehnen, kann ebenso zur Bürde werden. Was über die Befriedigung unserer natürlichen Bedürfnisse – also den echten Wohlstand – hinausgeht, trägt selten dauerhaft zum inneren Wohlbehagen bei. Denn Wohlstand bedeutet nicht übermäßigen und den Charakter verformenden Reichtum, bei dem der Kontakt zu den bodenständigen Menschen abbricht und das Leben sich in eine eigene, abgehobene Blase verlagert.

Im Gegenteil: Ein wachsendes Vermögen verlangt Energie, Aufmerksamkeit und Schutz – es zieht neue Unruhe und Abhängigkeiten nach sich.

Auch das brachte Arthur Schopenhauer auf den Punkt:

„Was der Reichtum über die Befriedigung der wirklichen und natürlichen Bedürfnisse hinaus noch leisten kann, ist von geringem Einfluß auf unser eigentliches Wohlbehagen: vielmehr wird dieses gestört durch die vielen und unvermeidlichen Sorgen, welche die Erhaltung eines großen Besitzes herbeiführt."

Und als wäre das nicht genug, wächst mit dem Erworbenen oft auch das Begehren.

„Der Reichtum gleicht dem Seewasser", sagte Schopenhauer an anderer Stelle, „je mehr man davon trinkt, desto durstiger wird man."

Was als Erfüllung beginnt, kann leicht zur Rastlosigkeit werden. Denn manche Sehnsucht wächst gerade dort weiter, wo wir sie zu stillen glaubten.

Sehnsucht will nicht immer erfüllt werden. Oft genügt es, dass sie da sein darf. Dass wir ihr zuhören, ohne sie gleich stillzulegen. Denn wer ständig versucht, jede Sehnsucht zu erfüllen, wird unruhig. Und manchmal auch leer.

Sehnsucht ist keine Schwäche. Sie erinnert uns daran, dass wir fühlen können. Dass wir nicht alles im Griff haben müssen – und manches nicht vollständig sein muss, um wertvoll zu sein.

Vielleicht ist Sehnsucht nichts, was vergeht. Vielleicht begleitet sie uns ein Leben lang – wie ein innerer Kompass, der nicht auf ein Ziel zeigt, sondern auf das, was in uns liegt: eine Tiefe.

Was wir ersehnen, verschiebt sich im Lauf des Lebens. Arthur Schopenhauer hat diesen Wandel treffend umschrieben:

„Ist sonach der Charakter der ersten Lebenshälfte unbefriedigte Sehnsucht nach Glück, so ist der der zweiten Besorgnis vor Unglück. Denn mit ihr ist, mehr oder weniger deutlich, die Erkenntnis eingetreten, daß alles Glück chimärisch, hingegen das Leiden real sei."

Und selbst dort, wo wir glauben, endlich etwas Bleibendes gefunden zu haben, irren wir oft. Auch das große Glück, das uns manchmal überflutet, bleibt selten von Dauer.

„Jeder unmäßige Jubel", so Schopenhauer, „beruht immer auf dem Wahn, etwas im Leben gefunden zu haben, was gar nicht darin anzutreffen ist: die dauerhafte Befriedigung der quälenden, sich immer neu gebärenden Wünsche oder Sorgen."

Möglicherweise ist es jener Raum dazwischen, der uns wachsen lässt: Nicht das, was wir schon erreicht haben – sondern das, was offenbleibt. Nicht nur das, was wir suchen – sondern auch das, was wir still zu tragen lernen.

Denn Sehnsucht ist kein Fehler im Innersten – sie ist ein Zeichen unserer Lebendigkeit. Sie bewahrt davor, uns zu früh mit dem Sichtbaren zu begnügen – und öffnet Räume, die größer sind als das, was wir besitzen können.

Sie erinnert uns daran, dass Tiefe wichtiger ist als Vollständigkeit. Und dass etwas nicht abgeschlossen sein muss, um schön zu sein.

T wie Tätigkeit

Die Kunst, zu wirken – ohne sich zu verlieren

„Und? Was machen Sie beruflich?" – diese Frage gehört zu den ersten, die Menschen einander stellen. Auch auf das Persönlichere „Wer sind Sie?" folgt häufig gleich danach: der Beruf. Als ließe sich das Wesen eines Menschen aus dem erschließen, was er zum Broterwerb verrichtet.

Für viele geht die Tätigkeit über das bloße Mittel zum Zweck hinaus. Sie prägt ihre Identität – und wird zur Form von Sichtbarkeit. Eine Lebensentscheidung. „Ich bin Lehrerin." – „Ich arbeite im Handwerk." – „Ich bin selbstständig." Tätigkeit wird zur Antwort auf die Frage nach dem Selbst. Dabei verrät der gewählte Beruf selten, was einen wirklich ausmacht.

Denn viele andere Faktoren spielen eine Rolle: die Arbeitszeiten – ob Schichtdienst oder von neun bis fünf. Die Gefährdung – wie bei Polizei oder Feuerwehr. Die Vergütung – ob sie Sicherheit schafft oder gerade so reicht. Das gesellschaftliche Ansehen – selten ausgesprochen, aber spürbar in seiner Wirkung.

Und doch: Es gibt Tätigkeiten, die einem entsprechen. Besonders das Ehrenamt gehört oft dazu – weil es freiwillig gewählt ist und aus innerem Antrieb geschieht.

In vielen Regionen gehören bestimmte Tätigkeiten fast zur Seele des Ortes: Da ist eine Stadt handball- oder fußballverrückt, dort wird seit Jahrhunderten getöpfert, anderswo gilt der Karneval nicht als Event, sondern als fünfte Jahreszeit. Oder es gibt Dörfer, in denen Chöre das kulturelle Miteinander prägen – getragen von Menschen, die mit Fleiß, Engagement und viel unbezahlter Zeit ermöglichen, dass diese Traditionen weiterleben.

Solche Tätigkeiten sind mehr als Aufgaben. Sie stiften Identität – und verbinden Menschen: nicht nur untereinander, sondern auch mit der Region, in der sie leben.

Und das endet nicht mit dem Berufsleben. Viele Menschen gestalten ihren Alltag im Ruhestand mit Hingabe: Sie helfen den Enkeln, pflegen den Garten oder engagieren sich für Tiere. Sie wollen weiterhin wirksam sein – nicht überflüssig. Denn Tätigkeit ist nie nur das, was wir tun – sie formt auch, wie wir uns sehen und was wir uns selbst wert sind.

Manche Tätigkeit erfüllt, weil sie dem entspricht, was in einem angelegt ist. Andere zermürbt, weil sie dem eigenen Wesen nicht entspricht – aber notwendig ist, um zu überleben. Es gibt Arbeiten, die man mit dem Herzen macht – weil sie Sinn stiften, schöpferisch sind oder anderen dienen. Und es gibt Arbeiten, die man nur tut, weil man muss. Weil sie die Miete sichern. Weil jemand krank ist. Weil kein anderer Weg offenstand.

Manche Menschen haben das Glück, eine Aufgabe gefunden zu haben, in der sie sich wiedererkennen.

Sie erleben ihre Tätigkeit nicht als Zwang, sondern als Ausdruck ihrer Persönlichkeit. Oft geht damit eine stille Würde einher. Ein Koch, der mit Hingabe arbeitet – nicht im Rampenlicht, aber als Rückgrat des Hauses. Weil eine gute Küche, Tag für Tag auf hohem Niveau, das ganze Restaurant trägt.

Eine Floristin, die aus Blumen kleine Botschaften macht. Ein Lehrer, der nicht aufgibt, obwohl das System ihn erschöpft. Eine Pflegerin, die nicht viel über sich spricht – aber jeden Tag Menschen versorgt, deren Angehörige nicht mehr konnten: aus Erschöpfung, aus Pflicht, aus Liebe. Sie kümmert sich um Menschen, die verwirrt, schlaflos, hilfsbedürftig sind – und wird zur Stütze dessen, was sonst zerbrechen würde. Denn die Pflege ist mehr als ein Beruf. Sie ist das verbindende Element in einer Gesellschaft, die älter wird.

Es macht einen Unterschied, ob ein Mensch seine gegebene Persönlichkeit zum Ausdruck bringen kann – oder sie täglich verleugnen muss: Ein starker Mann, der jahrelang zu feinmotorischer Sitztätigkeit gezwungen ist, die ihm nicht liegt. Oder eine empfindsame, geistig wache Frau, die stupide Fließbandarbeit verrichtet – ohne jeden gedanklichen Spielraum.

Solche Spannungen nagen – nicht nur am Körper, sondern an der Seele. Denn auf Dauer erschöpft nicht das Tun allein – sondern vor allem das ständige Abweichen vom eigenen Wesen.

„Wer mit einem Talente zu einem Talente geboren ist, findet in demselben sein schönstes Dasein!"

– Johann Wolfgang von Goethe

Ein Satz, der nicht nur ein Ideal benennt – sondern ein stilles Glück: das, was man in sich trägt, auch leben zu dürfen – nicht nur am Rand, sondern in der Mitte des Alltags.

Und es gibt auch andere. Viele. Die in etwas hineingeraten sind, das nicht zu ihnen passt – vielleicht durch mangelnde Bewusstheit in jungen Jahren. Als die Möglichkeiten noch offenstanden, aber niemand da war, der half, genauer hinzuhören. Die ihr Talent nie zeigen konnten – weil es niemand erkannte: nicht im Elternhaus, nicht in der Schule, nicht im Verein. Oder weil die Umstände es nicht erlaubten.

So schuften sie nun, während andere, die günstigere Umstände hatten und bewusstere Entscheidungen trafen, gestalten. Sie funktionieren, damit der Betrieb läuft. Oder das Zuhause. Oder das Land.

Es ist ein leiser Schmerz, wenn man Tag für Tag etwas leisten muss, das nahezu nichts mit einem selbst zu tun hat. Ein innerer Verschleiß, kaum merkbar – aber nicht folgenlos. Wer lange gegen sich arbeitet, verliert nicht nur Energie, sondern vor allem das Selbstwertgefühl, das so wichtig ist.

Es braucht Gelegenheiten, in denen Menschen wenigstens einen Teil von dem zeigen dürfen, was in ihnen lebt. Denn der Wert einer Tätigkeit misst sich nicht nur an ihrer Bezahlung, sondern daran, ob sie Würde bewahrt. Und ob der Mensch, der sie verrichtet, am Abend noch weiß, wer er ist.

In solchen Fällen geht es nicht mehr um Geduld. Dann braucht es Mut – für eine echte Veränderung. Denn jeder Mensch hat immer eine Wahl: zwischen dem Weitermachen und einem Neuanfang. Zwischen dem inneren Verstummen – und dem Sich-Zeigen.

Selbst die Umstände können sich ändern: Systeme, Bürokratien, politische Einflüsse. Doch es ist nie zu spät, das eigene Leben wieder in die Hand zu nehmen. Vielleicht nicht für alles – aber für das Wesentliche.

U wie Unvollkommenheit

Warum das Unperfekte oft berührt – und das Perfekte eher beeindruckt

Manche Menschen streben ihr ganzes Leben lang nach Perfektion. Sie optimieren, justieren, glätten – sich selbst, ihr Umfeld, ihren Lebenslauf. Und manchmal staunt man sogar darüber, wie ordentlich, durchdacht – ja, fast beneidenswert beherrscht das alles wirkt.

Und doch spürt man mitunter: Es fehlt etwas. Nicht viel. Nur diese kleine Spannung, wie sie entsteht, wenn etwas nicht perfekt ist – aber wahr. Denn Vollkommenheit wirkt wie ein perfekt aufgeräumtes Wohnzimmer: schön anzusehen, aber man zögert, sich hinzusetzen und die Kissen dabei zu verschieben.

Unvollkommenheit dagegen kennt das Leben. Sie trägt Kratzer, Narben. Bringt Geschichte mit. Und vielleicht auch ein bisschen Humor, weil sie weiß, dass ein abgebrochener Satz manchmal mehr berührt als ein formvollendeter.

Und manchmal entstand sie nicht aus Eigenheiten – sondern aus etwas Schwerem: einem Unfall, einer Krankheit, einem Verlust, der uns verändert hat – und nicht mehr sein lässt wie vorher. Aber auch das gehört dazu. Und vielleicht macht uns gerade das sichtbar – nicht trotz, sondern wegen dieser Spuren.

Manche Menschen leben mit etwas, das sie nicht mehr ungeschehen machen können. Ein Fehler, der wehgetan hat. Der Folgen hatte. Vielleicht sogar für andere – auf jeden Fall aber für sie selbst. Und auch wenn sie ihn eingestanden, dafür gebüßt und Verantwortung übernommen haben: Das Leben bleibt ein anderes. Schmaler, stiller und „unvollendeter" vielleicht – aber auch wahrhaftiger.

Unvollkommenheit erlaubt Nähe. Perfektion erzeugt Distanz.

Es sind selten die makellosen Menschen, die uns wirklich nahekommen. Schon gar nicht die Technokraten. Es sind die, bei denen auch mal etwas danebengeht – und die das mit einem Lächeln tragen. Der Freund, der gerne einmal Termine durcheinanderbringt, aber sofort parat steht, wenn Hilfe gebraucht wird. Die Schwester, die es nach vielen Enttäuschungen nicht leicht hatte im Leben – aber an Loyalität nicht zu überbieten ist. Oder die Großmutter, die bei jeder Gelegenheit dieselben Geschichten erzählt – so oft, dass man sie längst auswendig kennt. Und trotzdem kommen alle gerne, lächeln milde – und lassen sie erzählen. Man fühlt sich wohl bei solchen Menschen. Nicht weil sie perfekt sind, sondern weil sie niemanden zwingen, es selbst zu sein.

Unvollkommenheit macht uns menschlich. Sie lädt andere ein, sich zu zeigen – nicht in Bestform, sondern in Wahrheit. Doch Unvollkommenheit bedeutet nicht, dass wir nichts dazulernen sollen.

Im Gegenteil: Jeder Mensch „vervollkommnet" sich im Laufe seines Lebens – indem er wächst, bewusster wird und Erkenntnisse gewinnt. Auch wenn niemand je vollkommen ist, gehört das Streben danach zum Wesen des Lebendigen.

Tiere, die nicht lernen, besser zu jagen, überleben nicht. Und auch beim Menschen öffnen Bildung, Erfahrung und innere Entwicklung neue Möglichkeiten – oft auch ganz konkret: beruflich, gesellschaftlich, finanziell. Doch wer lernt, muss nicht perfekt sein. Nur lebendig.

Möglicherweise liegt genau darin unsere Würde: dass wir nie ganz fertig sind. Dass wir irren, solange wir streben – wie Goethe es formulierte. Und dass wir nicht einmal über das verfügen, was wir wollen sollen. Denn Wollen lässt sich nicht lernen wie ein Handgriff. Es wächst – oder bleibt aus. Schopenhauer sagte:

„Der Mensch kann zwar tun, was er will, aber er kann nicht wollen, was er will."

Vielleicht ist das alles sogar gut so. Denn wäre ein Mensch vollkommen, hätte er womöglich gar keine Individualität. Dann gäbe es keinen Grund mehr, sich längerfristig auf ihn einzulassen – weil ja nichts mehr überraschen würde.

Letztendlich ist es tröstlich, dass das Leben – gerade in unserer Unvollkommenheit – kein andauerndes Bewerbungsgespräch ist.

V wie Vertrauen in Veränderung

Die Kunst, Wandel zuzulassen – ohne sich selbst zu verlieren

Veränderung ist selten leicht. Sie macht Angst. Sie fordert Übergänge, bringt Unsicherheit – und verlangt, Vertrautes hinter sich zu lassen. Und doch braucht ein bewusstes und glückliches Leben genau das: die Fähigkeit, sich zu bewegen.

Wer innerlich reich werden will, wird daher nicht darum herumkommen, loszulassen. Weisheit wächst dort, wo wir uns Fragen stellen, auf die es im Heute vielleicht noch keine Antwort gibt. Oder keine, die wirklich Halt bietet. Und wer Weltgefühl entwickeln möchte, wird irgendwann spüren, dass alte Sichtweisen sich lösen dürfen – damit Raum für neue Realitäten entsteht.

Veränderung kündigt sich selten mit Getöse an. Meist beginnt sie im Verborgenen – mit einem Zweifel, einem Gedanken, einem Satz wie: „So kann es einfach nicht weitergehen." Oder drastischer: „Wenn ich auf diesem Weg bleibe, gehe ich vor die Hunde."

Und dann braucht es Mut, um sich nicht ganz zu verlieren. Nicht den Mut, kopflos loszustürmen – sondern den, klar zu bleiben. Bewusst zu sein. Und nicht sofort aufzugeben, nur weil das Ziel weit entfernt und kaum greifbar wirkt. Manchmal hat Veränderung kein festes Ziel im Gepäck – sie zeigt es erst, wenn die Zeit reif ist. Und manchmal beginnt Heilung genau in dem Moment, in dem wir bereit sind, die alten Zöpfe abzuschneiden.

„Je edler und vollkommener eine Sache ist, desto später und langsamer gelangt sie zur Reife", schrieb Arthur Schopenhauer. Und vielleicht gilt das auch für uns selbst. Wirkliches Wachstum geschieht langsam. Tiefe entsteht nicht durch Tempo, sondern durch Bewusstheit.

Viele Menschen denken bei Veränderung an Aufbruch, Bewegung, Fortschritt. Aber manchmal bedeutet ein Kurswechsel auch: innehalten. Aufhören mit etwas. Ein Bild loslassen, das man zu lange mit sich herumgetragen hat. Sich gegen die eigene Härte entscheiden. Sich erlauben zu trauern – oder wieder zu hoffen.

Es gehört Würde dazu, sich einzugestehen, dass man etwas nicht mehr will oder kann. Und es braucht Vertrauen, sich auf etwas einzulassen, das man noch nicht kann – aber bereits in sich trägt wie einen Keim.

Veränderung betrifft nicht nur das Individuum. Auch Gesellschaften verändern sich. Oft langsamer, als es nötig wäre – aber nicht selten schneller, als wir es aushalten. Was früher selbstverständlich war, wird mittlerweile in Zweifel gezogen. Was gestern als unantastbar galt, wird heute zur Diskussion gestellt. Und das ist nicht per se gefährlich – solange wir unterscheiden: zwischen dem, was überholt ist, und dem, was sich bewährt hat.

Gefährlich wird es erst, wenn Wandel nicht mehr offen geschieht, sondern gesteuert ist – durch Ideologie, Zwang oder ökonomische Interessen. Wenn Druck entsteht, statt Freiheit. Wenn Strafen drohen, sobald jemand das „gewünschte" Verhalten nicht zeigt.

Dann ist nicht die Veränderung das Problem – sondern die Art, wie sie erzwungen wird. Wer das verinnerlicht, bleibt offen – aber nicht blind. Er sucht den Sinn oder die Vorteile hinter dem Wandel.

Es braucht Stärke, sich einzugestehen, dass man sich entwickeln will. Oder muss. Treue zu sich selbst und Veränderung schließen sich nicht aus – wenn man an den richtigen Stellen ansetzt. Außen wie innen. Nur wer sich bewegt, kann überhaupt frischen Wind spüren. Auch dann, wenn gar keiner weht.

Das Erkennen verändert sich ebenfalls. „Die Gelehrten sind die, welche in den Büchern gelesen haben", notierte Schopenhauer einst. „Die Denker, die Genies, die Welterleuchter und Förderer des Menschengeschlechts sind aber die, welche unmittelbar im Buche der Welt gelesen haben." Im Kern heißt das womöglich: Wirklich verstehen kann nur, wer das Leben mitdenkt, antizipiert – nicht nur aus sicherer Distanz, sondern mitten hindurch.

Hoffnung ist kein naiver Blick in eine bessere Zukunft. Hoffnung ist die Weigerung, das Dunkle für das Ganze zu halten. Sie weiß, dass der Mensch mehr kann, als er oft glaubt – wenn er sich berühren lässt.

Wer Vertrauen in Veränderung hat, weiß um das Zerbrechliche. Aber auch um das Mögliche. Ein bewusstes und glückliches Leben entsteht nicht, wenn alles bleibt, wie es ist – sondern wenn wir bereit sind, uns behutsam mitzuverändern. Mit Würde. Mit Klugheit. Und mit offenem Herzen.

W wie Werte

*Die Kunst, innerlich klar zu sein – auch wenn es
unbequem wird*

Werte leben im Hintergrund. Unsichtbar, still – und doch
entscheidend. Sie lassen sich nicht dekorativ präsentieren.
Echte Werte wachsen – aus Erfahrungen, aus Begegnungen, aus Verletzungen, aus Reife. Und vielleicht auch
aus etwas, das tiefer liegt: dem eigenen Charakter, der uns
mitgegeben ist – lange bevor wir bewusst wählen können.

Häufig erkennt man erst in schwierigen Momenten,
worauf man wirklich baut. Nicht das, was man sagt.
Sondern das, was man tut, wenn niemand hinsieht. Wenn
etwas auf dem Spiel steht. Wenn man selbst betroffen ist
– *Skin in the Game* hat, wie man an der Börse sagt. Wenn
der bequeme Weg lockt – aber der aufrechte mehr Kraft
braucht.

Werte zeigen sich demgemäß nicht im Leichten, sondern
im Ernstfall. Und selbst dann werden sie nicht von allen
wahrgenommen oder geteilt.

Arthur Schopenhauer wusste:

„Alle Geister[5] sind dem unsichtbar, der keinen hat: und
jede Wertschätzung ist ein Produkt aus dem Werte des
Geschätzten mit der Erkenntnissphäre des Schätzers."

---

[5] „Geister" meint hier geistig wache, tiefdenkende Menschen

Werte zu sehen setzt also mehr voraus als Bildung oder Meinung – es braucht Tiefe. Innere Bereitschaft. Und ein Gespür dafür, was im Leben wirklich zählt.

Manche Menschen reden viel über Moral – aber ihre Haltung bleibt nebulös, wenn es darauf ankommt. Im entscheidenden Moment ducken sie sich weg; ihre Handlungen sind eher feige. Andere urteilen über alles und jeden – doch wenn es um den eigenen Beitrag geht, tragen sie verdächtig wenig zu irgendetwas bei. Und dann gibt es jene, die kaum ein großes Wort machen, aber Rückgrat zeigen, wenn es zählt. Die da sind, wenn es unbequem wird. Die treu bleiben, auch wenn es dafür keinen Applaus gibt. Solche Menschen erinnern daran, dass Integrität still, fast unsichtbar sein kann – aber nie gleichgültig.

Werte sind nicht dasselbe wie Meinungen. Meinungen kann man ändern. Werte eher nicht. Denn sie sitzen tiefer, sind unsezierbar. Wer einmal gelernt hat, ehrlich und aufrichtig zu sein, wird dies auch bleiben – selbst dann, wenn es nicht belohnt wird. Wer Mitgefühl als Wert in sich trägt, wird nicht zusehen, wenn ein Schwächerer leidet – auch wenn das Umfeld wegsieht.

Mitgefühl lässt sich nicht beschließen – und schon gar nicht begründen. Es ist ein inneres Echo auf das, was wir sehen. Und es zeigt sich nicht nur im Großen, sondern auch im zuweilen übersehenen Kleinen: im Blick auf das Schwache, das Wehrlose, das sich nicht schützen kann.

Wer hier achtsam bleibt, verrät, woraus er innerlich besteht. Und wer hier achtlos ist – oder gar grausam –, hat sich ebenfalls eindeutig zu erkennen gegeben.

Es gehört zur moralischen Urteilskraft, solche Menschen nicht zu idealisieren, nicht zu entschuldigen – und sich von ihnen zu distanzieren.

Denn Mitgefühl lässt sich nicht vereinbaren mit Gleichgültigkeit gegenüber Grausamkeit. Weder gegenüber Menschen. Noch gegenüber Tieren.

Werte sind nicht abhängig vom Umfeld. Sie sind ein innerer Maßstab, kein äußeres Modephänomen. Gerade deshalb haben sie nichts mit Hautfarbe, Herkunft oder Religion zu tun. Echte Werte sind keine Frage der Nationalität. Sie sind universell – oder sie sind es nicht.

Was in zwischenmenschlichen Beziehungen wirklich verbindet, sind nicht Passdokumente oder Wohnorte, sondern geteilte Prinzipien, gemeinsame Überzeugungen, ähnliche Sichtweisen auf das, was im Leben zählt. Geografische Nähe ist meist Zufall. Innere Nähe ist Entscheidung.

Wer einmal gespürt hat, wie tief sich Vertrauen, Respekt oder Gerechtigkeit anfühlen – der erkennt sie überall dort, wo sie ihm entgegenkommen. Besonders wertvoll sind jene Begegnungen, in denen man dieselben Werte teilt – still, selbstverständlich, ohne viel Erklärungsbedarf. Es sind diese Freunde, bei denen man spürt: Wir meinen das Gleiche, wenn wir von Verantwortung sprechen. Wir fühlen das Gleiche, wenn wir Gerechtigkeit erleben.

Solche Verbindungen sind selten – und sie schenken Halt. Wer sich mit solchen Menschen trifft, geht gestärkter nach Hause, als er gekommen ist.

Und manchmal hinterlässt ihre Nähe ein stilles Licht, das in einem nachwirkt. Nicht, weil immer alles gesagt wurde. Sondern weil man sich verstanden wusste – im Grundsätzlichen.

Wer wirklich weiß, wofür er steht, muss es nicht laut erklären. Wer innerlich gefestigt ist, kann anderen ihre Sicht lassen – ohne sich selbst zu verlieren. Und wer um die eigene Fehlbarkeit weiß, urteilt weniger hart. Nicht aus Beliebigkeit – sondern weil Menschlichkeit vor Urteil geht.

Manche sprechen von „alten Werten", als wären sie ein Relikt aus einer anderen Zeit. Doch vielleicht sind es gar nicht die Werte, die alt geworden sind – sondern die Aufmerksamkeit für das, was sie bedeuten: Respekt. Verlässlichkeit. Maß. Rücksicht. Anstand. Loyalität.

Das sind keine nostalgischen Begriffe. Es sind Lebenshaltungen, die Orientierung geben können – gerade dann, wenn der Kompass außen versagt.

Manche Werte sind unbequem. Aber sie weisen den Weg. Und in Zeiten der Beliebigkeit sind gerade sie es, die uns davor bewahren, zu verlieren, was uns im Innersten ausmacht: Menschlichkeit. Würde. Rückgrat.

„Was die Zukunft ist, entscheidet sich daran, was wir heute achten", schrieb Antoine de Saint-Exupéry.

XY ungelöst

Das Ungelöste in uns – und wie wir ihm begegnen

„Das Schicksal mischt die Karten, und wir spielen."

– Arthur Schopenhauer

Manche Dinge klären sich nie. Nicht durch Gespräche. Nicht durch Zeit. Nicht einmal durch ehrliches Bemühen. Sie bleiben stehen – als offener Satz, als nicht geschlossene Tür, als Frage ohne Antwort. Wir lernen, damit zu leben. Nicht, weil wir es wollen. Sondern weil es nicht anders geht.

Manche Kapitel in unserem Leben enden nicht – sie verlieren sich nur. Oder sie verstummen, ohne dass etwas gesagt wurde. Und manchmal kommen sie wieder: als Erinnerung, als Traum, als Frage, die wir längst nicht mehr laut stellen. Ungelöst ist nicht immer dramatisch. Aber es bleibt lebendig – manchmal stärker, als uns lieb ist.

Das Leben ist kein Gerichtssaal, in dem am Ende ein Urteil gesprochen wird. Kein Kriminalfall, bei dem schließlich alles zusammenpasst. Es ist vielmehr ein weites Feld aus Begegnungen, Missverständnissen, Halbwahrheiten, Andeutungen – und dem Versuch, uns darin zu orientieren.

Wir glauben, dass alles einen Grund haben muss. Doch vieles hat nur Folgen. Und nicht alles lässt sich zurückverfolgen.

Manchmal trägt ein Mensch ein Leben lang Fragen mit sich, auf die keine Antwort kommt. Der große Fußballer, der alles erreicht – nur eben keinen internationalen Titel. Die Liebe, die nicht gelebt werden konnte, aber innerlich nie vergeht. Das Adoptivkind, das seine leiblichen Eltern nicht kennt – und vielleicht nie erfahren wird, woher es kommt. Die Frau mit dem unerfüllten Wunsch nach Enkeln. Der Vater, dessen Sohn in schlechte Kreise geriet, aus denen es kein Zurück mehr gab – trotz jahrelanger und äußerster Bemühungen. Kinder alkoholkranker Eltern. Menschen, die sich fremd fühlen im eigenen Leben – und nicht sagen können, warum. Oder es im Gegenteil genau wissen – und spüren, dass man damit mancherorts nicht so recht hinpasst.

Vieles bleibt – trotz aller Mühe – ungelöst. Und manchmal ist gerade das das Schwerste daran: dass wir es nicht ändern können.

In jedem von uns gibt es solche oder ähnliche ungelöste Geschichten. Schwere Schicksalsschläge, die nicht immer sichtbar sind – aber unser Inneres prägen. Denn niemand geht ganz heil durchs Leben. In uns allen schlummern Fragen ohne Antwort, Verletzungen, die wir nicht vollständig erinnern – aber deren Echo wir spüren. Verluste ohne Erklärung. Sehnsüchte, die wir nicht einordnen können. Wege, die sich nie geöffnet haben.

Es verbindet uns mehr, als wir glauben – gerade im Ungelösten. Es wäre schön, wenn alles erklärbar wäre. Wenn wir wüssten, warum etwas passiert ist.

Warum jemand gegangen ist. Warum wir nichts gesagt haben, als es darauf ankam.

Aber so oft stehen wir nur da – mit einem leisen „Ich weiß es nicht". Und manchmal ist genau das die Wahrheit.

Ungelöst bedeutet nicht immer: unfertig. Manchmal heißt es nur: nicht mit dem Verstand zu greifen. Nicht auflösbar. Nicht rekonstruierbar. Und doch da. Wie Nebel, der sich nicht vertreiben lässt – aber mit dem man gehen kann, wenn man ihn nicht bekämpft.

Es braucht eine eigene Form von Stärke, mit offenen Fragen zu leben – im Wissen, dass die Antwort womöglich nie kommt. Dass manches einfach geschehen ist – und wir damit weiterleben. Ohne Glanz. Ohne Gerechtigkeit. Ohne Erklärung.

Doch bei aller Tiefe: Wer sich zu sehr im Ungelösten verliert, riskiert, das eigene Lebensglück aus den Augen zu verlieren. Es braucht Weisheit, nicht nur den Schmerz zuzulassen – sondern auch den Blick auf das Helle, das Mögliche, das noch Lebendige.

Denn wer sich zu lange mit den eigenen Dämonen beschäftigt, kann innerlich erstarren, krank werden, in Dunkelheiten abgleiten, die schwer wieder zu verlassen sind: in Depression, in Sucht, in Lebensmüdigkeit.

Friedrich Nietzsche hat es einmal so ausgedrückt:

„Wer mit Ungeheuern kämpft, mag zusehn, dass er nicht dabei zum Ungeheuer wird. Und wenn du lange in einen Abgrund blickst, blickt der Abgrund auch in dich hinein."

Ein bewusstes und glückliches Leben – so wie es dieses Buch sucht – heißt nicht, alles zu verstehen. Aber es will dazu motivieren, selbstfürsorglich mit sich umzugehen. Auch dann, wenn nicht alles geklärt ist – oder dunkle Bilder wieder aufzusteigen drohen.

Ein erfülltes Dasein erkennt das Ungelöste an – und kann es dennoch tief versenken. Dorthin, wo es das Leben nicht mehr überschattet. Weil es sich entscheidet fürs Weitergehen. Für das eigene Glück. Für den Partner. Für die Kinder. Oder einfach für den dankbaren Blick des eigenen Hundes.

Z wie Zeit

Die Kunst, das Vergängliche unvergänglich zu machen

„Tut mir leid, ich habe die Zeit vergessen." Die Studentin kam zu spät zur Vorlesung. Ihre Stimme war leise, fast ein wenig verschmitzt. Im Hörsaal lachten einige. Es klang harmlos, fast süß – so, als könne man ihr wirklich nicht böse sein. Auch der Dozent schmunzelte. Doch dann meldete sich ein Kommilitone aus der letzten Reihe, ohne dass ihn jemand dazu aufgefordert hätte: „Es mag sein, dass du die Zeit vergessen hast... aber die Zeit wird dich nicht vergessen." Ein kurzes Auflachen. Dann wurde es still im Raum.

Vielleicht, weil jeder in diesem Moment spürte, wie viel Wahrheit in diesem Satz lag. Und wie selten wir sie wirklich aussprechen. Es gibt ein seltsames Paradox: Wir wissen, dass unsere Zeit begrenzt ist. Und doch leben viele, als hätten sie unendlich viel davon. Wir verschieben das Wesentliche auf später, treffen Entscheidungen nicht, weil sie unbequem wären – oder weil wir hoffen, dass irgendwann von selbst klar wird, was zu tun ist. Und manchmal merken wir erst, wie kostbar etwas war, wenn es längst vorbei ist.

„Aber wir verleben unsere schönen Tage, ohne sie zu bemerken: erst wenn die schlimmen kommen, wünschen wir jene zurück." – Arthur Schopenhauer

Zeit ist das Einzige, das wir nicht zurückholen können. Geld lässt sich neu verdienen, Besitz verlieren und wieder aufbauen. Doch ein gelebter Tag kehrt nicht zurück.

Gespräche, die wir hätten führen können, bleiben unausgetragen. Abschiede, die wir aufgeschoben haben, lassen sich nicht nachholen. Und Momente, in denen wir gezögert haben, sind oft verloren – während wir auf etwas warteten, das nie kam.

Zugleich aber trügt uns die Gegenwart oft: Sie wirkt stabil, als würde sie so bleiben, wie sie ist. Doch alles wandelt sich – leise, stetig, manchmal plötzlich. Wer klug ist, lässt sich von dieser scheinbaren Beständigkeit nicht täuschen. Er erkennt: Auch das, was jetzt selbstverständlich erscheint, kann sich rasch verändern. Deshalb lohnt es sich, achtsam zu leben – und das, was zählt, nicht aufzuschieben.

Vielleicht ist es genau das, was das Leben leise von uns verlangt: Dass wir uns entscheiden. Nicht leichtfertig. Aber bewusst. Dass wir Verantwortung übernehmen für unsere Zeit – und damit auch für das, was wir lieben, was uns wichtig ist, was uns ruft. Wer zu lange zögert, verpasst nicht nur Möglichkeiten. Sondern oft auch sich selbst.

Es geht nicht darum, sich zu hetzen oder das Leben mit Erlebnissen vollzustopfen. Im Gegenteil. Wer um den Wert der Zeit weiß, beginnt mit mehr Ruhe zu leben. Aufmerksamer. Klarer. Der nimmt nicht mehr mit, was möglich wäre, sondern wählt das aus, was Sinn ergibt. Der beginnt zu fragen: Was ist jetzt wirklich dran? Und wofür möchte ich meine Lebenszeit verwenden?

Denn auch das ist Teil der Wahrheit: Zeit vergeht nicht nur – sie wird erfüllt. Mit Bedeutung. Mit Begegnung.

Mit Gewissheit, was zählt. Mit Liebe. Oder eben auch mit Beliebigkeit.

Einige warten auf den richtigen Moment. Andere machen ihn. Manchmal genügt ein einziger Schritt, um aus einer offenen Frage eine klare Richtung zu machen. Um sich selbst nicht länger zu vertrösten, sondern zu vertrauen: Dass es richtig ist, jetzt zu beginnen. Oder zu beenden. Oder zu sprechen. Oder zu gehen. Denn wer immer nur wartet, bis es leichter wird, verpasst vielleicht den einzigen Moment, der wirklich zählt – den jetzigen.

„Die Gegenwart allein ist wahr und wirklich: sie ist die real erfüllte Zeit, und ausschließlich in ihr liegt unser Dasein." – Arthur Schopenhauer

Was nach uns kommt, muss uns nicht schrecken. Auch die Zeit vor unserem Leben war still – und niemand hat sie je beklagt. Vielleicht liegt gerade darin ein Trost: Dass wir nicht alles festhalten müssen, um es tief gelebt zu haben. Und dass das Jetzt genügt – wenn wir es mit wachen Sinnen, mit offenem Herzen und dem Mut zur Wahrheit füllen.

Es könnte das leise Wissen einer alten Seele sein: Dass nichts verloren geht, was wir aus Liebe getan haben. Dass Erfahrungen, Haltungen, Begegnungen – und auch das, was wir geschaffen haben – weiterwirken. Nicht nur in uns, sondern über uns hinaus.

Wohin auch immer wir gehen: Wir nehmen uns mit. Nicht als Besitz, sondern als Prägung. Nicht als Leistung, sondern als Wesen. Und vielleicht liegt genau darin die verborgene Zuversicht hinter allem Zeitlichen: Dass wir mehr sind als unsere Jahre. Dass die sanfte Kraft des Gelebten nicht endet – sondern weiterwirkt: in anderen, in uns, in denen, die nach uns kommen.

Vielleicht in einer großen Verbundenheit, die wir bisher nicht kannten – und deshalb nicht benennen können? Oder in einem neuen Dasein? Wer weiß das schon.

Womöglich nur im stillen Echo unserer Taten und Worte.

Sicher ist nur – und das sollte nie vergessen werden:

Nichts, was jemals aus Liebe geschah, geht wirklich verloren.

Wir möchten Ihnen von Herzen danken:

Für Ihre Offenheit.

Für Ihr Vertrauen.

Und für das Wertvollste, das Sie uns geschenkt haben:

Ihre Zeit.

Selma & Elian Holmfeld